下班后做自媒体
KOL是如何炼成的

佩弦 著

SELF MEDIA
AFTER WORK
HOW KOLS ARE REFINED

北京大学出版社
PEKING UNIVERSITY PRESS

内 容 提 要

自媒体最有魅力的是账号背后让用户感到情投意合的那个人。佩弦从2016年起对KOL和爆款内容做专项研究，于2022年起采访KOL，从中发掘真实，找到真正丰沛的个体表达。

被采访者从事的职业各异（有医生、教师、程序员、销售等），下班后选择的自媒体赛道各异（有美食、体育、宠物、情感等），涨粉、变现的背后不仅藏着他们的天赋、技术、认知、执行力，还有他们的坚持和努力。

本书分为七章（账号起号、技术入门、网感训练、自我管理、副业规划、博主专访和案例复盘），既有适合零基础读者的运营知识讲解，又有KOL的实操经验分享和案例复盘，对于下班后想发展副业、想靠自媒体（抖音、小红书、知乎）转行或变现的人，错过可惜。

图书在版编目(CIP)数据

下班后做自媒体：KOL是如何炼成的 / 佩弦著. —— 北京：北京大学出版社，2024.7
ISBN 978-7-301-35110-9

Ⅰ.①下… Ⅱ.①佩… Ⅲ.①网络营销 Ⅳ.①F713.365.2

中国国家版本馆CIP数据核字（2024）第108151号

书　　　名	下班后做自媒体：KOL是如何炼成的	
	XIABAN HOU ZUO ZIMEITI：KOL SHI RUHE LIANCHENG DE	
著作责任者	佩　弦　著	
责 任 编 辑	王继伟　吴秀川	
标 准 书 号	ISBN 978-7-301-35110-9	
出 版 发 行	北京大学出版社	
地　　　址	北京市海淀区成府路205号　100871	
网　　　址	http://www.pup.cn　　新浪微博：@北京大学出版社	
电 子 邮 箱	编辑部 pup7@pup.cn　　总编室 zpup@pup.cn	
电　　　话	邮购部 010-62752015　发行部 010-62750672　编辑部 010-62570390	
印 刷 者	大厂回族自治县彩虹印刷有限公司	
经 销 者	新华书店	
	880毫米×1230毫米　32开本　6.125印张　176千字	
	2024年7月第1版　2024年7月第1次印刷	
印　　　数	1-4000册	
定　　　价	49.00元	

未经许可，不得以任何方式复制或抄袭本书之部分或全部内容。
版权所有，侵权必究
举报电话：010-62752024　电子邮箱：fd@pup.cn
图书如有印装质量问题，请与出版部联系，电话：010-62756370

自序

自媒体的6个流量密码

2016年出版了《爆款文案写作公式》后,我一直有个小遗憾,就是没采访过KOL。

2022年初,我在刷小红书时发现不少博主的笔记标题都提到一个词:"下班后做自媒体",于是我打算以此为选题,采访若干位KOL。

可是去哪儿找这么多的KOL呢?我首先想到的是找熟人"下手"。

第一位加入的是肖瑶,她帮我在知乎大V群发了信息,于是王宇应邀而至。

之后我开始给平时关注的博主们发合作邀约。

一支穿云箭,千军万马来相见。我在给陈海泳说明来意后,他爽快答应成为第三位报名者。第四位加入者是萌萌妈,是在我再三鼓励下才答应的。

紧随其后,李如春、酋长、小旋、小伟吖在收到我的私信后陆续加入。

在采访前,我原本期待文字博主会多讲讲写作技巧,然而他们在复盘创作心路时不约而同都用"一气呵成"来概括;我原本认为视频博主会提到诸如"剪辑思维""黄金三秒"等运营"黑话",然而竟无人提及。

于是我开始思考,究竟什么才是内容创作者的流量密码?在思考后我得出如下结论。

1. 流量密码=信息差

什么是信息差？信息差，就是你掌握了目标用户不知道的信息，你就可以通过此内容引流，甚至变现。例如，你考上了某所大学，对外校的学生来讲，你就具有信息差优势；你在某个行业摸爬滚打多年，对行业外人士来讲，你就具有信息差优势。

如果你想做探店博主、知识博主、数码博主或旅游博主，掌握信息差是前提条件。

2. 流量密码=技术差

什么是技术差？技术差，就是你掌握了目标用户不会的技术，你就可以以此引流，甚至变现。如果你想做美妆博主、穿搭博主或美食制作博主，掌握技术差是基础条件。

李小龙的妻子琳达在回忆录《我眼中的布鲁斯》里写道，她问丈夫："你作为世界第一，是不是不畏惧所有对手？"李小龙否认："我不是世界第一，我也有害怕的对手。"妻子听后十分惊讶，追问："什么样的对手让你害怕？"李小龙说："我不怕会一万种招式的人，我只怕把一种招式练了一万遍的对手。"

做自媒体，是不是人人都要精通拍摄技术和剪辑技术？其实，不同领域的博主所需的核心技能和辅助技能各不相同（见表0-1），建议你把精力重点放在核心技能的练习上，把这种招式练一万遍。

表0-1 不同领域博主的核心技能和辅助技能

博主	核心技能	辅助技能
模仿帝陈挑战	球技、演技	拍摄、剪辑
万能工具人阿伟	厨艺	拍摄
许岑	PPT	剪辑
南门录像厅	剪辑、后期	讲解

3. 流量密码=天赋差

什么是天赋差？天赋差，就是你生来就有某种出类拔萃的天分，你就可以以此引流，甚至变现。如果你想做颜值博主或唱跳博主，掌握天赋差是必备条件。

美国教育专家肯·罗宾逊将天赋分为8类（见表0-2），找到自己天赋的人，就像找到了通向成功的一把钥匙。

表0-2　常见的8类天赋

天赋	说明
语言表达	能够有效地用语言文字表达自己，阅读、写作和沟通能力天生很强
数学逻辑	对于数学和逻辑推理比较敏感，善于用数据或数字工具来理解事物
视觉空间	可以准确地识别出视觉空间的结构，并可以用具体事物表现出来，比如绘画和设计
音乐智能	音乐表达和理解能力超强
人际智能	能够很敏锐地察觉别人的情绪，善于和别人合作，能够胜任领导的角色
自我识别	自我反省能力和自我分析能力很强
自然观察	善于观察外部环境，对自然界保持兴趣，并且能够从中发现规律，比如达尔文或爱因斯坦
身体运动	善于运动，或用肢体动作来表达自我，如运动员、舞蹈家或演讲家

4. 流量密码=资源差

什么是资源差？资源差，就是你拥有了市场稀缺的资源，你就可以以此引流，甚至变现。

资源，可分为自然资源和社会资源两大类。前者如阳光、空气、水、土地、森林、草原、动物、矿藏等；后者包括人力资源、信息资源及经过劳动创造的各种物质财富等。

如果你在当地有丰富的自然资源，可模仿@疆域阿力木、@张同学做三农账号；如果你积累了丰富的社会资源，可模仿@程前朋友圈、@孟铎Danny3做访谈类账号，或者模仿@虎哥说车做汽车类账号。

5. 流量密码=情绪差

什么是情绪差？情绪差，就是你能给目标用户提供稀缺的情绪价值，你就可以以此引流，甚至变现。如果你想做情感博主或搞笑博主，具备情绪差是前提条件。

沃顿商学院市场营销学教授乔纳·伯杰研究发现，恐慌、愤怒或被逗乐能够促使人们分享新闻和信息。不同的情绪分为高唤醒性和低唤醒性两种（见表0-3）。乔纳·伯杰认为："令人恼火的事情远比伤心事要更容易与家庭和朋友分享，因为你的机体在生理和心理上都被激发了。"

表0-3　不同的情绪

	高唤醒性	低唤醒性
积极情绪	惊奇、兴奋、幽默	满足
消极情绪	愤怒、焦虑	悲伤

6. 流量密码=能量差

什么是能量差？能量差，就是你在面对挫折时展现出比目标用户更高的能量，你就可以以此引流，甚至变现。

美国心理学教授大卫·霍金斯，曾提出过"能量层级论"（见表0-4）。能量层级低的人，做什么都垂头丧气，干什么都觉得无聊乏味。能量层级高的人，仿佛内心有光，做什么事都精力充沛，到哪里都神采奕奕。后者适合做励志博主，影响更多的人。

表0-4 霍金斯能量级表

生命观	水平	能量	情绪	生命状态
不可思议	开悟	700～1000	不可说	妙
都一样	和平	600	至喜	平等
好美啊	喜乐	540	清朗	清净
我爱你	爱	500	敬爱	慈悲
有道理	理智	400	理解	知止
我错了	宽恕	350	宽恕	修身
我喜欢	主动	310	乐观	使命感
我不怕	淡定	250	信任	安全感
我能行	勇气	200	肯定	信心
我怕谁	骄傲	175	蔑视	狂妄
我怨	愤怒	150	憎恨	抱怨
我要	欲望	125	渴望	吝啬
我怕	恐惧	100	焦虑	退缩
好可怕	悲伤	75	失望	悲观
好无奈	冷淡	50	绝望	自我放弃
没意思	罪恶感	30	自责	自我否定
死了算	羞愧	20	自闭	自我封锁

综上所述，自媒体已到下半场，运营能拿到结果的人，必定拥有市场稀缺的信息差、技术差、资源差、天赋差、情绪差或能量差。对于想用自媒体做副业的人，与其把精力放在琢磨抖音、小红书的运营技巧上，

不如脚踏实地先把本职工作干好,通过公司的平台磨炼技术、成为专家、积累资源,下班后再通过新媒体工具放大自己的优势,打造个人的第二增长曲线,获得更多财富、人脉和机会。

佩弦

目录

第1章 账号起号：下班后4步开启自媒体

1.1 第1步：明确变现路径 ·················· 1
    1.1.1 5种变现方式 ·················· 1
    1.1.2 变现实现途径 ·················· 3
1.2 第2步：掌握运营常识 ·················· 11
    1.2.1 平台思维：抖音和小红书的关键考核指标 ·················· 11
    1.2.2 场景思维：碎片化时间下用户缺乏耐心 ·················· 13
    1.2.3 红线意识：一个自媒体人的基本修养 ·················· 14
    1.2.4 鉴别意识：认准官方账号，远离网络谣言 ·················· 19
1.3 第3步：做好准备工作 ·················· 21
    1.3.1 账号商业定位 ·················· 21
    1.3.2 对标账号筛选 ·················· 23
    1.3.3 完成主页装修 ·················· 26
    1.3.4 账号标签设置 ·················· 28
1.4 第4步：更新垂直内容 ·················· 30
    1.4.1 更新前要做什么 ·················· 30
    1.4.2 更新中要做什么 ·················· 33
    1.4.3 更新后要做什么 ·················· 34

第2章 技术入门：短视频4项基本功

- 2.1 陈挑战教你表演 ····· 40
  - 2.1.1 第1步是观察 ····· 40
  - 2.1.2 第2步是创意 ····· 41
  - 2.1.3 第3步是还原 ····· 41
- 2.2 小旋教你视频剪辑 ····· 42
  - 2.2.1 如何明确自身定位 ····· 42
  - 2.2.2 Pr的基础界面介绍 ····· 42
  - 2.2.3 Pr的基础操作 ····· 56
  - 2.2.4 如何在Pr里编辑音频 ····· 72
- 2.3 芝麻酱教你做口播 ····· 75
  - 2.3.1 制作视频的工具 ····· 75
  - 2.3.2 制作视频的流程 ····· 76
- 2.4 小伟吖教你手机拍摄 ····· 79
  - 2.4.1 前期准备 ····· 79
  - 2.4.2 拍摄技巧 ····· 80
  - 2.4.3 多去实践 ····· 82

第3章 网感训练：有了网感发内容才有流量

- 3.1 什么是网感？网感等于"四感" ····· 83
- 3.2 网感就是话题感：3个选题工具帮你上热门 ····· 84
  - 3.2.1 永恒热点在哪里找？ ····· 84
  - 3.2.2 实时热点在哪里找？ ····· 87
- 3.3 网感就是结构感：提升完播率的4组钩子模板 ····· 91
  - 3.3.1 剧情类短视频的钩子模板 ····· 91
  - 3.3.2 知识类短视频的钩子模板 ····· 93

3.3.3 搞笑类短视频的钩子模板 ……………………………… 94
3.3.4 美食带货类短视频的钩子模板 …………………………… 96

3.4 网感就是节奏感：洗脑上头就用这2招 …………………………… 97
3.4.1 小伟吖教你卡点 …………………………………………… 97
3.4.2 小伟吖教你变速 …………………………………………… 98

3.5 网感就是情绪感：传递情绪就用这4招 …………………………… 100
3.5.1 标题太平庸，感叹词来拯救 ……………………………… 101
3.5.2 封面太平庸，表情来拯救 ………………………………… 101
3.5.3 声音太平庸，音效来拯救 ………………………………… 103
3.5.4 画面太平庸，特效来拯救 ………………………………… 104

第4章 自我管理：下班后做好平衡

4.1 李如春教你时间管理 ……………………………………………… 108
4.2 Dr老爸教你精力管理 ……………………………………………… 110
4.3 酋长教你自控管理 ………………………………………………… 112
4.3.1 远离手机干扰 ……………………………………………… 113
4.3.2 利用碎片时间 ……………………………………………… 113
4.3.3 先完成再完美 ……………………………………………… 114
4.3.4 注意劳逸结合 ……………………………………………… 115
4.4 芝麻酱教你膳食管理 ……………………………………………… 116
4.4.1 三大宏量营养素怎么吃 …………………………………… 117
4.4.2 食物多样化 ………………………………………………… 119
4.5 小旋教你心态管理 ………………………………………………… 120

第5章 副业规划：副业主业如何相辅相成

5.1 Dr老爸：从自己的优势出发去规划副业 ………………………… 122

5.2 李如春：副业可以从专业、兴趣中寻找 ··· 126
5.3 酋长：工作、副业和事业的关系 ··· 127
    5.3.1 找到你擅长的事情 ·· 128
    5.3.2 找到你热爱的事情 ·· 129
    5.3.3 发现你的商业机会 ·· 130

第6章 博主专访：KOL是如何炼成的

6.1 "模仿帝陈挑战"陈海泳专访 ·· 133
6.2 "小旋呀"小旋专访 ··· 135
6.3 "小柯基呆萌萌"萌萌妈专访 ·· 141
6.4 "李如春"李如春专访 ·· 148
6.5 "Dr老爸的育儿经"王宇专访 ·· 150
6.6 "海布里de酋长"酋长专访 ·· 154
6.7 "芝麻酱"肖瑶专访 ··· 158

第7章 案例复盘：爆款是如何炼成的

7.1 抖音案例复盘 ·· 162
    7.1.1 "模仿帝陈挑战"陈海洋谈创作心得 ·· 162
    7.1.2 "健身小伟吖"小伟吖谈创作心得 ·· 166
    7.1.3 "玲玲美食日记"刘昱含谈创作心得 ·· 168
7.2 知乎案例复盘 ·· 170
    7.2.1 "李如春"李如春谈创作心得 ··· 170
    7.2.2 "Dr老爸"王宇谈创作心得 ··· 173
    7.2.3 "海布里de酋长"酋长谈创作心得 ·· 176
    7.2.4 "芝麻酱"肖瑶谈创作心得 ··· 182

第 1 章

账号起号：下班后4步开启自媒体

新账号注册好以后，一上来就着急发作品是错误的。一个零粉丝的新账号要想成功变现，需要把每一步都规划好、执行到位。我在抖音多个官方直播间蹲守了近100个小时，并结合自身做账号的实践经验，把起号过程总结成4个步骤。

1.1 第1步：明确变现路径

为什么我要把变现放在最前面讲？因为只有以终为始才能不偏离目标。之前有太多"过来人"花时间、花精力，粉丝数虽然涨到了几十万甚至几百万，但是账号却无法变现。

1.1.1 5种变现方式

与打工不同，做自媒体是没有底薪、时薪的，但是好处是收入上不封顶，能积累你的数字资产。除了数码、摄影等少数博主，大多数博主仅仅需要准备一部手机，利用业余时间即可开干。以下是5种最常见的变现方式：

1. 卖自己的产品

卖自己的产品，是指博主通过自媒体给自己的产品（研发的课程、撰写的专栏、运营的社群或整理的资料）引流达成交易。其优势是自己掌握定价权、利润大。

$$课程收入 = 课程定价 \times 销售数量 - 平台抽成$$

$$专栏收入 = 专栏定价 \times 订阅数量 - 平台抽成$$

$$资料收入 = 资料定价 \times 购买数量 - 平台抽成$$

2. 卖别人的商品

卖别人的商品，是指博主通过自媒体销售商家的商品赚取佣金。例如，美妆博主带货口红，健身博主带货握力器，宠物博主带货宠物食品。其优势是不进货、不发货、不售后、零投资。

$$带货收入 = 商品价格 \times 带货数量 \times 佣金比例$$

3. 给品牌方打广告

给品牌方打广告，是指博主为广告主定制一个软广赚取广告费。其优势是单笔广告的金额较大，单条视频往往有几千到数万元的回报。

4. 接受用户打赏

接受用户打赏，是指观众先在直播平台购买虚拟货币，再用虚拟货币兑换虚拟礼物，最后在观看主播直播时，将虚拟礼物打赏给主播。

$$打赏收入 = 打赏金额 \times 打赏人数 - 平台抽成$$

5. 获得平台补贴

为了吸引更多的博主，不少平台都推出了创作激励计划，只要博主按要求发布视频，有播放就有少量收益。例如抖音推出"中视频计划"，发中视频（时长在1分钟至30分钟的视频）达10000播放量的收益在10~30元。

1.1.2 变现实现途径

1. 想卖别人的商品赚佣金如何实现？

（1）在小红书带货

小红书带货变现包括直播带货和小清单带货。

开通条件： 需要粉丝量大于1000，且完成了专业号认证才能开通。

开通流程： 点击【创作中心】→【更多服务】→【直播选品】→【直播购物袋】或【小清单】→选择商品带货。

（2）在抖音带货

抖音带货变现包括直播带货、团购带货、短视频带货、图文带货。

开通条件： 实名认证、1000个粉丝、10条视频、500元保证金。

开通流程： 首先，满足以上条件即可成为带货达人，开通橱窗功能；然后到选品广场，把一些我们想做的品类加入我们的橱窗，发视频进行传播；最后在短视频/直播中推广商品，挂小黄车。用户只要通过你的视频下单就能够获取佣金。

（3）在知乎带货

通过回答问题，插入跟回答内容相关的产品或是卡片。具体产品可以根据自己的回答内容和主题选择，比如数码产品、美妆、零食、图书等。如果有用户通过点击你回答中的链接购买了产品，那么你就可以赚取相应的佣金。

开通条件： 创作者等级≥4级，认同并且承诺遵守"好物推荐"的规则规范；过去3个月未有违反《知乎社区管理规定》的行为。

2. 想卖自己的产品，变现如何实现？

（1）在小红书开薯店

薯店是小红书面向创作者的轻量开店工具，拥有自有品牌的创作者可以申请开启自己的店铺。开通薯店后，博主就可以在直播和笔记中分享自己的商品，并进行销售。

薯店为博主们提供了一种新的变现方式。用户不用再加你的微信、搜你的微博，在你个人主页的薯店里就可以购买你的产品，博主也不用再担心因为引流而导致账号限流和封禁的问题。

个人店铺可售类目： 3C数码、服饰鞋包、户外装备、家居百货、家居建材、美妆个护、母婴用品、汽车配件、食品、文具文创、二手物品、艺术潮玩等。

开通流程： 点击【创作中心】→【更多服务】→【开通店铺】→填写相关信息资料（如图1→1和图1→2所示）。

图1-1 开通店铺

图1-2 开店准备

费用缴纳：保证金、技术服务费、支付渠道费。

（2）在抖音开抖店

抖店即抖音提供的一站式商家生意经营平台（见图1-3），商家可在小店实现商品交易、店铺管理、售前/售后履约、第三方服务市场合作等全链路的生意经营。

商家可以在抖音、今日头条、西瓜、抖音火山版等渠道进行商品分享，一家小店，多条售卖渠道。

个人店铺可售类目：玩具乐器、服饰内衣、个护家清、礼品文创、智能家居、美妆、母婴宠物、鲜花园艺、数码家电、图书教育、鞋靴箱包、运动户外、钟表配饰、珠宝文玩等。

入驻流程：①提交材料（约30分钟）；②平台审核（1～3个工作日）。

费用缴纳：保证金（2000～20000元）、技术服务费（2%～5%）、支付渠道费。

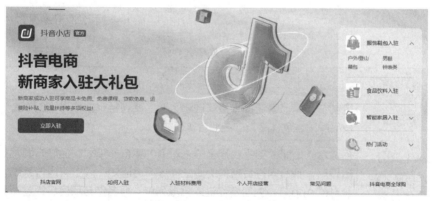

图1-3 抖音小店主页

3. 想接广告去哪儿对接广告主？

（1）小红书接广告登录蒲公英

蒲公英是小红书官方推出的优质创作者商业服务平台（见图1-4），

蒲公英平台集"品牌合作""电商带货""新品试用"三大业务模块于一体,为品牌提供具有种草特色的营销服务。

入驻要求：完成专业号个人身份认证、年龄≥18岁、粉丝数量≥1000、账号近期无违反《小红书社区规范》《小红书社区公约》行为。

可登录网页端（https://pgy.xiaohongshu.com/），查看管理蒲公英账号（见表1-1），进行内容合作。

图1-4　蒲公英开通页面

表1-1　合作模式介绍

合作模式	模式简介
定制合作	定制合作即品牌通过平台筛选和邀请，找到特定创作者，创作者按品牌需求创作笔记的商业合作模式
招募合作	招募合作是蒲公英平台推出的一对多内容合作模式，品牌方发起招募后，平台向符合条件的博主推送项目通知，博主可通过系统消息或App端→内容合作进入招募列表，报名参与项目；通过筛选后，双方互换联系方式完成建联
共创合作	共创合作是蒲公英平台推出的按效果结算的内容合作新模式。平台为博主智能推荐合作项目，博主反选品牌。成功参与合作即可获得免费产品和保底收入，还能按笔记效果瓜分高额奖金

续表

合作模式	模式简介
新芽合作	新芽合作是蒲公英平台全新推出的内容合作模式，以流量助推为核心激励方式。博主报名通过后，在指定时间内完成产品体验和创作发布，即可获得流量加热。被品牌选中的优质笔记，还将获得现金激励和海量流量助推

（2）抖音接广告登录星图

巨量星图平台（https://www.xingtu.cn/）汇聚了大量优质广告主（见图1-5），星图会帮助你获得广告主的关注并完成接单、交易等全流程，保障交易过程中的高效与安全。

图1-5 巨量星图主页

如你满足以下条件，可自行在星图平台登录及开通任务（见表1-2）。

表1-2 巨量星图任务介绍

巨量星图任务类型	任务简介	开通要求
抖音传播任务	抖音传播任务为达人自行报价，客户自主在达人广场挑选达人下单，最终发布视频至达人抖音账号中，以达人自身影响力和内容创意，帮助客户进行产品宣传的模式	抖音账号在抖音平台粉丝量≥10万，且内容调性健康合法

续表

巨量星图任务类型	任务简介	开通要求
抖音图文任务	抖音图文任务为达人自行报价，客户自主在达人广场挑选达人下单，最终发布图文至达人抖音账号中，以达人自身影响力和内容创意，帮助客户进行产品宣传的模式	● 抖音账号在抖音平台粉丝量≥1万； ● 近30天发布过2篇图文体裁内容； ● 内容调性健康合法
抖音短视频投稿任务	图文投稿任务是一种一对多的任务模式，由客户发起一个话题/任务，对应多位达人参与的任务类型。达人根据客户的任务要求和奖励规则参与并制作图文进行投稿；任务周期结束后，平台公布获奖结果；结果无异议的情况下，对应的达人将获得任务奖励	抖音账号在抖音平台粉丝量≥1000，且内容调性健康合法
直播品牌推广任务	以直播形式进行推广，客户自主在达人广场挑选达人下单，此任务模式偏品牌宣传类的直播合作，不要求一定要挂购物车商品	● 抖音粉丝数≥1000； ● 近14天内，开播场次≥3场，且每场开播时长≥25分钟； ● 近30天未出现账号违规、账号封禁现象，没有违反社区规范的行为，且直播内容/调性健康积极向上
直播电商带货任务	以直播形式进行推广，客户自主在达人广场挑选达人下单，此任务模式偏电商带货类的直播合作，要求必须挂购物车商品	● 抖音账号在抖音平台粉丝量≥1000； ● 已开通电商直播权限； ● 内容调性健康合法

续表

巨量星图任务类型	任务简介	开通要求
直播投稿任务	投稿任务是一种一对多的任务模式,由客户发起一个话题/任务,对应多位达人参与,直播投稿是指达人以直播形式参与客户发布的投稿任务	● 抖音粉丝数≥1000; ● 不限时间范围,开播场次≥4场,且每场开播时长≥25分钟; ● 近30天未出现账号违规、账号封禁现象,没有违反社区规范的行为,且直播内容/调性健康积极向上
抖音招募任务:一口价模式	"一口价模式"是巨量星图为满足客户对于中腰部达人及KOC的批量招募需求推出的新型发单模式,提升客户与中小达人的合作效率,助力客户实现一次下单批量合作KOC,同时实现KOC筛选与调性把控,增强线上化建联服务能力,降低客户的达人营销投入门槛,优化客户投放效率	1万≤抖音账号在抖音平台粉丝量≤100万,且内容调性健康合法
抖音招募任务:好物测评模式	"好物测评"任务服务是平台推出的撮合客户与达人达成"好物测评"合作的技术服务,"好物测评"任务具体合作模式为:客户在平台发布"好物测评"任务需求,圈选符合客户要求的达人免费参与商品样品试用,被客户选中参与"好物测评"任务的达人,按照任务需求发布试用商品样品的任务内容后,客户寄送的商品样品将免费归属于达人;若客户对"好物测评"任务设置了现金奖励,按照任务需求完成任务的达人不仅可以免费获得商品样品,还可按照任务需求的约定获得现金奖励收益	1万≤抖音账号在抖音平台粉丝量≤100万,且内容调性健康合法

(3)知乎接广告登录芝士平台

"知乎芝士平台"的目标是帮助创作者通过内容变现(见图1-6)。作为知乎官方的商业平台,只有通过"知乎芝士平台"(https://cheese.zhihu.com/creator/entry)才能获得安全合规的商单服务。

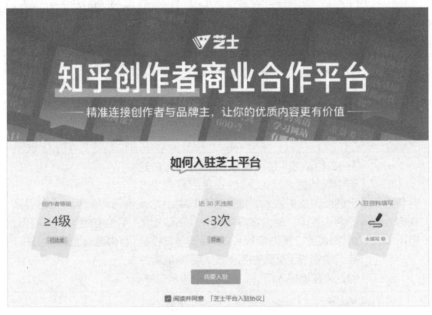

图1-6 芝士平台页面

如果你满足以下条件,可自行在知乎申请对应的任务(见表1-3)

表1-3 任务介绍

任务类型	任务介绍	申请条件
招募任务	品牌发起的优质内容征集活动。创作者可以选择适合自己撰写方向的任务进行投稿,若内容被采纳,会根据内容的浏览次数/篇幅质量给予奖励分成	创作者等级≥4,且近期活跃,无违规行为,可申请开通

续表

任务类型	任务介绍	申请条件
复用任务	品牌主可对作者的历史回答、文章提出合作申请，你只须对内容进行少量修改，即可获得相应收益。更有机会与品牌主建立长期合作关系	创作者等级≥3，近期活跃，无违规行为，可有机会被客户下单
品牌特邀	你将在创作者广场获得更多品牌主关注，有机会与精选品牌主进行撰写品牌文章、参加品牌线下活动、定制品牌视频等一对一合作，获得丰厚收入，同时提升个人品牌价值	创作者等级≥6，粉丝数≥5000，且近期活跃，无违规行为，完成芝士入驻后可申请

1.2 第2步：掌握运营常识

1.2.1 平台思维：抖音和小红书的关键考核指标

对于抖音和小红书这类内容平台，你知道平台运营负责人的烦恼是什么吗？就是如何制定一套科学的考核标准，让每天几千万名创作者能够公平竞争，让最优质的创作者能够脱颖而出。

小红书平台对创作者考核的关键指标是什么？还是对博主的点赞数、转发数等显性的用户互动数据进行考核吗？这个评分标准是2017年制定的，2023年小红书推出了"TrueInterest种草值"（见表1-4），现在小红书将用户的深度阅读和深度互动行为纳入洞察，比如笔记页面的截图次数、浏览多篇笔记搜索关键词的次数，这都是一种兴趣的表达，可视为被种草的次数。

表1-4 小红书过去vs现在的考核指标

过去小红书的考核指标	现在小红书的考核指标
CES评分＝点赞数×1分＋收藏数×1分＋评论数×4分＋转发数×4分＋关注数×8分 笔记发布后，小红书根据学习模型对笔记质量进行打分，根据分数决定笔记初始排名和是否继续给笔记推送流量	TrueInterest=f （深度阅读，深度互动） 深度阅读：图文阅读≥10s、视频观看≥30s、完播。 深度互动：收藏、评论、截图、分享、关注等

抖音平台对创作者考核的关键指标是什么？从2023年起，抖音算法只看3个指标：2秒跳出率、完播率和互动率（见表1-5）。完播率是抖音最重要的一项考核数据，停留时间越长，意味着你给抖音平台的贡献越大。

表1-5 抖音过去vs现在的考核指标

过去抖音对短视频的考核指标	现在抖音对短视频的考核指标
点赞数、评论数、收藏数、关注数、转发数	2秒跳出率、完播率、互动率

资料来源：@DOU+小助手

为什么抖音官方会如此看重完播率？因为只有完播率不能花钱买（互动率、涨粉等指标用户可用抖加、小店随心推或千川购买），只能依靠创造者的实力获得。哪个数据更花时间、哪个数据更不容易造假，抖音官方就更看重哪个。抖音平台对直播间和挂小黄车的作品要考核哪些数据？直播带货要考核停留、互动、转化数据，短视频带货要考核转化率（见表1-6）。

表1-6 抖音对直播和电商的考核指标

抖音对直播的考核指标	抖音对电商（挂车）的考核指标
● 停留； ● 互动（关注、送灯牌、点赞、写评论、分享）； ● 转化（音浪、卖货）	挂了车的作品比普通作品多了一个考核指标：商品转化率。 转化率越高，播放量越高；转化率越低，播放量就会大大减少

资料来源：@DOU+小助手

1.2.2 场景思维：碎片化时间下用户缺乏耐心

《阿凡达：水之道》影片时长约为3小时12分钟，有自媒体人写了一篇文章，提醒观众有两个时间点可以上厕所：第一个时间点是在大约1小时的时候，当萨利的孩子们学习屏住呼吸和观察水下世界的时候。第二个时间点是在2小时5分钟的时候，当人类正在准备设备去捕鲸的时候。

接受采访时，导演卡梅隆被问及最佳上厕所时间，他的回答很幽默，他说观众可以"随时"去厕所，因为他们可以在第二次观影时补上错过的场景。

在传统观影环境下，只要影片质量不是太糟糕，买票的观众不会轻易退场。而在碎片化时间下（见表1-7），用户的耐心极其有限，稍不满意就立刻划走。

表1-7 场景对比

看电影的场景	刷短视频的场景
电影院、自家客厅、足浴房、网吧	地铁、食堂、厕所、卧室

因此，作为博主的你，不仅需要创作出具有差值（信息差、天赋差、情绪差、能量差、资源差或技术差）的内容，而且需要对内容的结构、节奏进行调整（见表1-8），以适应用户在新场景下的观看需求。

表1-8 短视频358法则

3秒吸引注意力	设计画面或背景音制造冲突，做出让人意想不到的画面或背景音乐刺激用户好奇心，运用语言直奔主题，用夸张有差异化的动作或行为展现出来，或者通过反问诱发用户好奇心
5秒阐述	一句话让观众明白内容情节，简单明了地表达视频内容主题，制造话题或分享学到的东西的感受，5秒只是一个事件节奏点，重要的是挖掘用户的痛点

续表

8秒反转	反转带来反差,引来笑点,后面每一个8秒再一次反转。连续的反转让用户产生期待,舍不得划走,或者8秒一个观点,同样的原理

1.2.3　红线意识:一个自媒体人的基本修养

赵本山、小沈阳的小品《不差钱》有句经典台词:"人生最痛苦的事情是人没了,钱还在。"对于自媒体人而言,如果没有红线意识,为了流量"剑走偏锋",轻则"号没了",重则"人进去了"。

1. 直播间哪些事不能做?

(1)抖音

主播在抖音直播间不能做哪些事情?表1-9给了详细的说明,不要等处罚到你了再后悔。

表1-9　抖音直播间违规细则

违规等级	违规内容	处罚
一般违规	● 服装暴露、妆容不雅、语言低俗 ● 直播中抽烟、喝酒等行为 ● 恶意发布广告、展示联系方式、导流用户私下交易 ● 直播攀岩、跳伞等危险行为 ● 直播中存在长期静态挂机、视频回放	给予警告、断流或封禁开播权限,一天到一周时间不等

第 1 章　账号起号：下班后 4 步开启自媒体

续表

违规等级	违规内容	处罚
中等违规	● 性暗示、性挑逗等低俗趣味 ● 内容荒诞惊悚、影响社会和谐 ● 公开募捐、私下的慈善行为 ● 展示千术、赌术 ● 行医行为、销售药品 ● 低俗、暴力 ● 宣扬伪科学、违反公序良俗 ● 侵害或涉嫌侵害他人合法权益的行为	对发生中等违规行为的主播，平台将根据情节轻重给予警告、断流或直播封禁等处罚
严重违规	● 违反宪法所规定的基本原则 ● 危害国家安全、泄露国家机密、颠覆国家政权、破坏国家统一 ● 穿着国家公职人员制服直播的 ● 损害国家荣誉和利益的，或调侃革命英烈、革命历史的 ● 煽动民族仇恨、民族歧视，破坏民族团结的 ● 破坏国家宗教政策，宣传邪教和封建迷信的 ● 散布谣言，扰乱社会秩序 ● 炒作社会敏感话题 ● 散布淫秽色情、赌博暴力、凶杀恐怖，或教唆犯罪 ● 侮辱或诽谤他人，侵害他人合法权益的 ● 含有法律、行政法规禁止的其他内容，组织宣传、诱导用户加入传销机构 ● 未成年人出镜或进行直播 ● 直播入驻信息造假	平台永久封禁主播账号或永久封禁开播，并保存相关违法违规的资料

资料来源：@DOU+小助手

（2）小红书

小红书直播间常见违规内容（见表1-10）。

表1-10　小红书直播间违规细则

违规等级	示例
低质量直播	● 音画异常：出现长时间黑屏，无画面 ● 出现画面定格，并且不与观众互动，或长时间无真人进行讲解，仅展示一张纸/白板/电脑屏幕/某实物等，且主播无商品推荐等互动行为 ● 挂机录播，没有互动或商品介绍行为；直播画面无真人出镜，以PPT、背景布循环播放、短视频轮播等录屏、拍屏、挂播形式代替直播，没有互动或商品介绍行为 ● 多个主播直播过程中，频繁播放同一段直播内容，直播画面为黑屏，或静态颜色等无意义内容
虚假宣传：功效类	● 对商品功效进行没有依据、虚假夸大描述，引人误解的营销推广行为。宣称商品具有"实际不具有"的功效，例如：未将普通商品和医疗、保健商品及药品做明确区分 ● 虚假或夸大宣传商品功效 ● 明示或暗示普通商品具有医疗、保健等功效 ● 表示产品功效、安全性等的断言或保证
虚假宣传：材质类	● 服装类的上衣宣传为纯棉材质的，但实际商品参数显示为聚酯纤维；裤子宣传为头层牛皮，实际为二层牛皮或人造革；羽绒服宣传为羽绒，但羽绒含量低于50%；包包宣传为牛皮，材质却是PVC ● 饰品类宣称为纯金材质，实际却为镀金或18K金，将人工宝石描述为天然宝石也是材质虚假宣传，另外，将包金包银、镀金镀银仿真饰品描述为真金白银饰品，均为材质虚假宣传 ● 食品生鲜类，其生鲜等级、营养成分、配料、含量、加工工艺等与实际情况不符的，均为材质虚假宣传行为，例如有些商家宣扬食品为百分之百纯天然无添加，但实际配料表显示含有人工添加剂，或者信誓旦旦保证所售产品为"原切牛排"，但实际加工工艺表中显示是"调理合成"牛排的行为

续表

违规等级	示例
广告导流	● 私人联系方式导流。在直播过程中直接讲到私下加微信或其他联系方式的,会直接警告处理 ● 交易平台导流。通过小红书直播将用户引流到喜马拉雅等付费平台,将会按违规处理 ● 竞品导流。出现"大家来抖音、快手等地方来看我直播",此类话语也属于违规性质

资料来源:@商家课堂薯

2. 哪些词在抖音和小红书属于违禁词?

主播在商品宣传的过程中,使用与实际情况不符的、对消费者造成欺骗或误导的词汇,均属于违规行为。如使用"国家级""全网最佳""绝无仅有""顶级""第一品牌"等极限词(见表1-11)。

表1-11 禁用词

	示例
与"最"有关	最、最佳、最具、最好、最爱、最优、最优秀、最奢侈、最赚、最大限度上、最高、最高级、最低、最低价、最低级、最便宜、史上最低、最流行、最受欢迎、最时尚、最聚拢、最符合、最舒适、最先进、最后、最新、最新技术、最后一波、最高档、最先享受、最先进加工工艺
与"一"有关	第一、全国第一、全网第一、销量第一、排名第一、唯一、第一品牌、NO.1、TOP1、独一无二、第一天、仅此一天、仅此一款、最后一波
与"品牌"有关	王牌、领袖品牌、品牌领导者、品牌缔造、品牌之王、领先上市品牌、至尊品牌、巅峰品牌、王者品牌

续表

	示例
与"极/级"有关	国家级（相关单位颁发的除外）、全球级、宇宙级、世界级、顶级工艺、顶级享受、顶级（顶尖/尖端）、终极、极品、极佳（绝佳/绝对）
与"虚假"有关	史无前例、前无古人后无来者、永久有效、万能、全能祖传秘方、特效、100%有效、立即生效、绝版、绝无仅有、空前绝后、千金难求
与"首/国/家"有关	首个、首选、全国首发、国家免检、国家级产品、独家、首款、独家配方、全国销量冠军、首创者
与"欺诈消费者"有关	全民免单、点击有惊喜、万人疯抢、抢爆、卖疯了、再不抢就没了、错过就没机会了、不会更便宜了、恭喜获奖

资料来源：@商家课堂薯

3. 哪些内容禁止发布？

（1）抖音

抖音平台禁止发布以下内容：

- 违法乱纪行为：管制刀械/违规药品/野生动物贩卖等；
- 低俗内容恶搞：低俗行为/男女过度亲密等；
- 违反社会价值观：不良风俗/欺负弱势群体等；
- 垃圾广告：三无产品/违规产品等；
- 搬运盗用行为：录屏/盗用/搬运等。

（2）小红书

《小红书社区公约》对内容创作有如下要求：

- 请尊重原创并分享真实的内容；
- 如果你在分享过程中受到商家提供的赞助，请申明利益相关；
- 请避免分享远超常人消费能力的物品；

- 请分享经过科学论证的内容；
- 请尽量避免过度修饰，尤其在美妆、穿搭、探店等领域；
- 请不要分享过度裸露或性暗示的内容；
- 请不要冒充他人；
- 请避免使用夸张、猎奇等手段吸引用户点击；
- 请不要轻易利用你的影响力进行指控或发布煽动性的话语。

1.2.4 鉴别意识：认准官方账号，远离网络谣言

抖音发作品挂小黄车会限流？小红书需要养号？抖音发作品点"+"号上传作品会影响流量？视频里别提"钱"，要说"米"，否则会被平台限流？

其实，以上信息统统属于谣言。平台为了让创作者学到正规的运营知识，推出了一系列官方账号，还定期提供免费的直播教学。

1. 抖音有哪些官方账号？

打开抖音App，在搜索框里输入对应的账号名称，即可找到这些官方账号（见表1-12）。

表1-12 抖音官方账号

账号名称	功能介绍
@抖音创作者中心	官方课程、热门活动、功能更新、达人分享等信息
@巨量课堂	更专业的变现指导
@DOU+小助手	每天14：00—22：00直播间分享干货
@DOU+好生意	账号运营经验、经营宝典
@跟巨量学短视频	学短视频运营

续表

账号名称	功能介绍
@抖音电商作者成长	电商核心知识技能
@创作灵感小助手	量身推荐选题
@抖音课堂	日常更新知识、付费相关内容
@剪映研究所	热点视频制作、酷炫剪辑技巧

2. 小红书有哪些官方账号？

打开小红书App，在搜索框里输入对应的账号名称，即可找到这些官方账号（见表1-13）。

表1-13 小红书官方账号

账号名称	功能介绍
@薯队长	平台实时动态、热门活动分享
@薯管家	社区规则解读
@薯条小助手	加热内容规范、优质内容分享
@小红书创作学院	定期分享创作技巧和攻略
@商家课堂薯	店铺运营干货
@直播薯	直播操作手册

3. 知乎有哪些官方账号？

打开知乎App，在搜索框里输入对应的账号名称，即可找到这些官方账号（见表1-14）。

表1-14 知乎官方账号

账号名称	功能介绍
@创作者小助手	创作、涨粉、变现指南
@知乎小管家	社区规范解读

1.3 第3步：做好准备工作

1.3.1 账号商业定位

定位不对，努力白费；定位对了，事半功倍。做商业定位要把以下4点考虑周到。

1. 你的客户是谁？

你的用户画像（见表1-15）越细致，平台给你的推流越精准，你最终变现的概率也会越高。

表1-15 多维度思考用户画像

维度	示例
年龄	7~16/16~25/25~40/40岁以上
地域	四川/广东/辽宁/云南/山东
性别	男性/女性
兴趣	体育/科技/美食/娱乐
收入	3000元以下/5000~8000元/20000~30000元
身份	学生/老板/宝妈

2. 客户凭什么信任你?

要想快速与陌生人建立信任,你需要在互联网上展示你的真实身份和在现实中取得的成绩(见表1-16)。

表1-16 多维度加强个人背书

维度	示例
职业身份	医生/教师/销售/程序员/厨师/外卖员
家庭身份	爸爸/妈妈/丈夫/妻子
个人荣誉	福布斯青年领袖/销冠/畅销书作者
职务职级	创始人/运营总监/博士生导师
从业年限	5年/10年/20年

3. 如何让客户记住你?

英国研究人员表示,无论一个人的朋友有多少,他真正能记住的最多为150人。因此,只有形成鲜明的辨识度(见表1-17),才能让客户在万千人中记住你。

表1-17 多维度加强记忆点

维度	示例
外貌	光头(虎哥)、双胞胎(小杨哥和大杨哥)、神似周杰伦(粥饼伦)
穿着	花衣服(邵云蛟)、厨师服(黎叔教做菜)
口头禅	"1234567,走南闯北吃东西"(高文麟) "要做一个猛男,要猛"(嘴哥)
动作	捡瓶子(岳老板)、看表(朱一旦)
方言	东北话(徐静雨)、四川话(火哥)
背景音乐	《Aloha Heja He》(张同学)、《赤伶》(十年网吧大神)

4. 怎样让客户喜欢你?

在互联网上,一个十全十美的人,反而不如一个带有小缺点、给人反差感的人更受用户的欢迎。要想让用户喜欢你,你可以从3个维度塑造人设(见表1-18)。

表1-18 多维度打造人设

维度	示例
较普通人有优势	拥有信息差／技术差／天赋差／情绪差／能量差
跟普通人相似	价值观／年龄／职业／经历／兴趣／习惯
较普通人有不足	学历／家境／姿态／身体

1.3.2 对标账号筛选

对标账号就是和我们自己账号定位相似、商品相似、内容相似的其他博主经营的账号。在起号期通过模仿对标账号的选题、人设、结构,能帮助我们更快拿到结果。

1. 抖音找对标账号的2种方式

(1)抖音搜索

第1步 打开抖音App,在搜索框中输入垂类关键词。例如,张三想找穿搭类的对标账号,则输入【穿搭】(见图1-7)。

第2步 点击右上角"漏斗"图标 (如图1-8所示)。

第3步 选择粉丝量在"1000～1W"的"普通用户",从搜索结果中即可选出对标账号(见图1-9)。

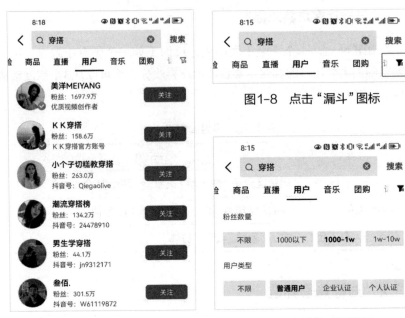

图1-7　输入【穿搭】

图1-8　点击"漏斗"图标

图1-9　选出对标账号

（2）抖音热点宝

第1步 在抖音App中，搜索【热点宝】-点击【去查看】（见图1-10）。

图1-10　点击【去查看】

第1章 账号起号：下班后4步开启自媒体

第2步 ▶ 在【观测】选项中选择【推荐账号】（见图1-11）。

第3步 ▶ 根据你的领域选择对应的垂类。例如，如果你是时尚穿搭领域，就勾选穿搭（见图1-12）。

第4步 ▶ 出现穿搭的对标账号（见图1-13）。

图1-11　选择【推荐账号】　　图1-12　勾选"穿搭"　　图1-13　显示对标账号

2. 小红书找对标账号

打开小红书App，在搜索框中输入垂类关键词。例如找穿搭博主，在搜索框输入关键词"穿搭"，可在用户结果中找对标账号（如图1-14所示），或者在笔记结果中找对标账号（如图1-15所示）。

图1-14　搜索显示页面　　　　图1-15　搜索显示页面

1.3.3　完成主页装修

账号主页是你给用户的第一印象，良好的第一印象在吸引粉丝、激发购买欲上都有不小的作用。

注册好新账号以后，你需要补充信息以形成辨识鲜明的视觉锤、语言钉和信任状（见表1-19）。

表1-19　主页装修三大模块

模块	细节	注意事项
视觉锤	账号头像	有个人特色，高辨识度、高清，和账户定位相关
	背景图	传递价值，引导关注

续表

模块	细节	注意事项
语言钉	账号封面	可以用统一的排版风格、统一的颜色、统一的线条来强化
	个人简介	● 我是谁？告诉别人你的身份 ● 做什么？告诉别人你的职业或业务 ● 关注我能给你带来什么好处 ● 我什么时间段做直播
	账号昵称	好记、好搜、好传播
信任状	身份认证、徽章	达人认证、专业形象、从业年限

@模仿帝陈挑战（见图1-16）、@小柯基呆萌萌（见图1-17）、@Dr老爸的育儿经（见图1-18）都通过账号装修让用户易于理解、辨识和记忆。

图1-16　抖音装修案例　　图1-17　小红书装修案例　　图1-18　知乎装修案例
（模仿帝陈挑战）　　　（小柯基呆萌萌）　　　（Dr老爸的育儿经）

1.3.4 账号标签设置

抖音、小红书等平台都是机器在推流,只有给账号打上标签,告诉机器我们的赛道,我们的内容才能被精准推送给目标用户。因此你必须学会给账号打标签的方法。

1. 抖音给账号打标签的方法

第1步 ▶ 打开抖音App,点击"三根杠"≡,点击【创作者中心】(见图1-19)。

第2步 ▶ 左上角点击【设置标签】(见图1-20)

第3步 ▶ 根据你的赛道,选择对应的标签(见图1-21),例如穿搭账号就选"时尚"。

图1-19 点击【创作者中心】　　图1-20 点击【设置标签】　　图1-21 选择对应的标签

第 1 章　账号起号：下班后 4 步开启自媒体

2. 知乎给账号打标签的方法

第1步 打开知乎 App，点击右下角【我的】，点击【创作中心】（见图 1-22）。

第2步 点击【点亮活跃领域，获额外创作激励】（见图 1-23）。

图 1-22　点击【创作中心】

图 1-23　点击【点亮活跃领域，获额外创作激励】

第3步 如果你认为智能 AI 推荐得准确，你可以直接点亮（见图 1-24）。如果不符，则选择点亮其他领域（见图 1-25）。

29

图1-24 确认点亮页面

图1-25 点亮其他领域页面

1.4 第4步：更新垂直内容

1.4.1 更新前要做什么

1. 更新时间

选择在抖音、小红书在线用户最多的时候发作品，能帮助我们的作品获得更大的流量。

（1）抖音用户活跃时间

抖音博主可参考以下时间发作品（见表1-20）。

表1-20 抖音用户活跃时间段

	时间段
早	7—9点
中	12—14点
晚	18—1点

数据来源：@DOU+小助手

（2）小红书用户活跃时间

小红书博主可参考以下时间发作品（见表1-21）。

表1-21 小红书用户活跃时间段

	时间段
早	8：00—10：00
中	12：00—13：00
晚	17：30—19：00 20：00—22：30

数据来源：@商家课堂薯

根据你的领域，可参考以下时间发作品（见表1-22）。

表1-22 小红书各类目发布黄金时间

账号分类	时间段
穿搭类	11：00—13：00 19：00—23：00

续表

账号分类	时间段
护肤类	11:00—13:00 20:00—23:00
探店类	12:00 18:00—23:00
美食类	11:00—13:00 19:00—22:00
美妆类	11:00—13:00 19:00—22:00
家居类	12:00 20:00—23:00

数据来源：@商家课堂薯

2. 更新频次

（1）抖音更新频次

大部分账号的发布频率，建议以此为依据操作（见表1-23）。

表1-23 推荐和不推荐更新频率

推荐	不推荐
1条/天 2~3条/天 1条/2~3天	5条以上/天 1条/周

"轻人设、重产品"的账号，例如好物分享类账号，建议做到日更，因为用户对你的视频停留大多是基于对产品感兴趣，只有做到多更才有机会把视频呈现在他们眼前，至于视频本身让他们产生"新奇特"就没有那么重要了。

而"重人设"的账号,如果没有优秀的创意来保证内容质量,不建议日更,因为粉丝更多是基于你的人设和视频内容来关注你的,一旦你的视频内容达不到他们的预期,他们很有可能对你的账号失望,随之而来的行为就是取关。

(2)小红书更新频次

笔记发布频次关系到小红书账号的活跃度,保持较高的发布频次可以提高账号的曝光度。频率至少保持一周发布3～4条笔记,让你的粉丝知道何时可以期待你的内容,另外,可以利用特殊时期增加发布频率。

1.4.2 更新中要做什么

大数据算法使得我们的社交媒体越来越懂我们爱看什么,而作品标签的作用就是将内容和用户进行有效匹配,比如机器将你的育儿经验分享识别为母婴后,增加了推荐给宝妈的机会。作品标签越精准,机器为你推送的用户也越匹配,内容受到用户喜爱的概率也越大。

1. 抖音怎么给作品打标签

抖音平台如何对内容进行识别和推流?创作者发布作品之后,抖音系统根据视频的画面、文案、字幕、声音中的关键词来识别。比如你拍了一个鱼香肉丝的视频,要想系统精准推荐给热爱美食的用户,你的作品中必须得有鱼香肉丝的画面、字幕、解说,并且在标题中添加"#鱼香肉丝""#美食"等话题标签。

2. 小红书怎么给作品打标签

小红书中如何打标签才能方便机器识别和推流?一是可以给笔记图片标记上地理位置或关键词(见图1-26),二是可以在发布时加上话题标签和位置标签(见图1-27)。

图1-26 标记地理位置或关键词　　图1-27 加话题标签和位置标签

1.4.3 更新后要做什么

1. 复盘

复盘，就是把项目的实施过程进行还原，分析哪里做得好，哪里做得不好。你做自媒体进步的速度，取决于你复盘的能力。

（1）教你看懂抖音的数据指标

查看单个作品的数据，直接找到作品后点击【数据分析】即可（如

图1-28、图1-29所示）。

图1-28　在作品下方点击数据分析　　图1-29　数据分析页面

如果你不知道各个指标的含义，可以参照表1-24。

表1-24　数据指标解释

数据指标	解释
播放量	指视频被观看及播放的次数
吸粉量	新视频发布后，增加新粉丝的数量
5秒完播率	作品播放时长达到5秒的观看次数与作品被观看总次数的比值

续表

数据指标	解释
2秒跳出率	观众在观看视频后前2秒离开的比值

一条作品怎样算优秀？完播率达到15%以上，2秒跳出率控制在40%以内，作品平均播放达7秒以上，点赞率3%以上，评论率1%以上，转发率0.5%以上，涨粉率1%以上。如果你的作品没有达到以上数据，都是有调整的必要的。

如果你想要查看最近一周的数据，可在右下角点击"我"，并访问"创作者中心"（见图1-30）。

在【详情】找到【数据中心】，查看经营分析（见图1-31）。在对比图中，你可以很直观地通过5个维度（播放量、互动率、投稿量、粉丝净增、完播率）了解你与同类作者的差距。

图1-30　点击"我"访问"创作者中心"

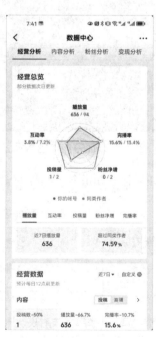

图1-31　数据中心页面

（2）教你看懂小红书的数据指标

运营小红书，学会灵活地运用数据来优化内容同样重要，如果你不知道各个指标的含义，可以参照表1-25。

表1-25 小红书各项数据

数据指标	解释
曝光量	你的笔记在发现页被看到的次数
阅读量	有多少人在首页点击进了你的笔记
点击率	曝光量除以阅读量

2. 调整

在复盘以后，你可按照以下方式对你的内容进行改进。

（1）抖音

- 作品播放量低如何调整？

建议通过以下2种方式调整：

①优化关键词。你需要检查是否在画面、文案、字幕、声音里加入了关键词，以方便机器准确识别和推流。

②优化选题。建议捕捉能够真正戳到目标用户痛点的选题，或者是找到那些曾经火过的选题，用自己的方式重新去呈现。

- 作品5秒完播率低如何调整？

建议通过以下4种方式去调整：

①出镜人物情绪要饱满。你的情绪直接影响观看的人，饱满的情绪才能让用户产生共鸣。

②视频的标题要吸引人。你可以通过主题明确的一句话点明内容重点。

③镜头画面要运动的。用户容易被运动的东西所吸引，例如录口播视频，边走边录比坐着录的数据效果好。

④背景音乐要热门的。建议选择与内容调性契合、热门流行、洗脑

的音乐。

- 作品2秒跳出率高如何调整？

建议通过以下2种方式去调整：

①画面要传达出核心内容。比如日常原声感、剧情冲突、食欲浓厚、重磅嘉宾等，优化视频的"第一眼"和设计"黄金3秒"。

②精简文案。例如把20多个字的文案降低到10个字以内。

- 作品点赞少如何调整？

建议通过以下3点去调整：

①提供价值。一个点赞量高的视频是为观众解决实际问题的，甚至会引发观众思考。

②提升情绪。正能量、有趣好玩、家国情怀等，很容易触发到观众的情绪共鸣点。我们需要多设计和思考一些能够触发情绪共鸣点的方案。

③紧跟时效。大多数人一遇到当下最新、最热的内容，都会充当知识的发现、分享者。所以你的视频内容需要紧跟时下热点。

- 账号不涨粉如何调整？

建议优化账号主页简介。用户在决定要不要关注一个账号的时候，一般会在看完视频以后，点进主页进行浏览，通过主页的信息来判断你的账号能够给他们提供什么价值，如果账号主页简介没有明确告知你是谁、你能给用户创造什么价值，用户是不会有关注欲望的。

- 用户不进入直播间如何调整？

建议通过以下4种方式去调整：

①在开播前1～3小时发布短视频，在视频中介绍直播内容和开播时间，帮助直播引流。

②开播前检查是否开启同城展示，有助于吸引到更多的同城观众。

③设计吸引人的直播间标题，准备好热门话题内容。

④形成固定的直播时段及稳定的直播时长，培养粉丝观看习惯。

（2）小红书

- 笔记阅读量低如何调整？

建议通过以下6点去调整：

①巧用感叹/疑问句式，调动情绪吸引人。

②善用表情激发兴趣，提升标题吸睛引力。

③封面、标题高度呼应，协调统一、相辅相成。

④紧跟当下社区趋势，网感词汇灵活运用。

⑤代入用户视角表达，直击痛点、充分利他。

⑥定位自身目标用户，正确话题效果更佳。

- 笔记互动率低如何调整？

建议通过以下4点去调整：

①图文相扣。文要对题，货要对版，过度夸大的封面或标题，会导致用户兴趣降低，笔记效果大打折扣。

②开门见山。开篇点题很重要，视频前10秒或笔记首段文字阐明商品核心卖点信息，提升用户留存转化率。

③内容为王。优质内容始终是产品出圈的本位原则，恰当的氛围打造及产品故事会进一步引人探讨，真实可感的切身分享更能打动人心。

④互动引导。笔记中预埋悬念，设置固定栏目/开场/文末互动，培养粉丝黏性，强化用户心智。

- 账号很难涨粉如何调整？

建议通过以下3点去调整：

①人设鲜明。先设计有吸引力的简介（职业、专业信息背书），再通过昵称、头像、地域定位等信息，让用户对博主有直接好感。

②内容垂类。先用前4~8篇笔记确定初始印象，再通过内容合集分类、头像、昵称的提示，让用户对新内容有方向感。

③主页风格。用户通过笔记到达主页，距离点击关注只差一步。可在主页色调、笔记封面排版上下功夫。

第 2 章

技术入门：短视频 4 项基本功

2.1 陈挑战教你表演

我小时候喜欢看港片，周星驰、周润发、刘德华、成龙、李连杰等演员我都很喜欢，最喜欢的是李小龙。

现在拍电影需要科班出身、中戏毕业的演员，但是短视频给了我这样的普通人在千万人面前表演的机会。

表演是永无止境的。初学者可以先做到"形似"，然后再向"神似"靠拢。我从 2017 年到现在，在抖音发了近 500 条视频，模仿了 500 多个篮球球星，收获了 5900 多万个赞，我把我摸索出来的表演经验总结成 3 步。

2.1.1 第 1 步是观察

最开始拍模仿视频的时候，我甚至没有看过任何集锦，单凭自己的想象与认知，后来发现虽然效率高，但是内容质量很一般。我想把它做好，就开始改进，每一期都会做好策划，写好稿子，找好模仿球星的视频集锦。

另外，我也会在网络上观察网友们对球星的印象和评价，了解一些网络梗，这样我创作出的作品才会让观众找到共鸣。

2.1.2　第2步是创意

我早期的视频主要是以致敬球星为主，去模仿麦迪、科比的投篮动作，后来我开始加入了自己的创意。抖音是个娱乐平台，我会结合球星的热点事件，用更夸张的动作来模仿球星，再配合音效和剪辑，这样呈现的效果更佳。例如，我摇头晃脑模仿CBA球星王哲林，被王哲林评价为模仿到了精髓。

2.1.3　第3步是还原

首先，我会对球星的表情进行还原，我会反复看比赛视频，去还原球星的面部表情。比如我模仿杜峰教练对队员恨铁不成钢的神情，就对着镜子模仿过20遍。

其次，对球星的动作进行还原，要想一比一复刻球星在比赛时的动作，需要不断地重复，需要小伙伴的配合，这个是最辛苦的。例如，我有一期视频模仿詹姆斯的扣篮，视频从中午拍到晚上，不满意就重新再拍，直到满意为止。

最后，通过准备一些道具进行还原，这个相对简单。我在模仿罗斯的时候，自己做了"脏辫"；模仿哈登的时候，淘宝了"大胡子"，模仿詹姆斯的时候，自己找来了一套"短寸头＋络腮胡"……至于那些球衣，我就干脆找来相同颜色的普通球衣，直接贴上手写的数字号码。不承想，这些简陋的道具，反而成了视频中的另一个亮点，不少网友边看视频边调侃："这数字贴得都快被风吹跑了""脏辫哪里买的，我也想搞一个""韩旭的马尾辫太飘逸了"……

2.2 小旋教你视频剪辑

大多数博主所用的剪辑软件是Premiere、达芬奇、剪映等。我在本书中教给大家的剪辑软件是Premiere（以下简称Pr），也是我的常用软件。

Pr的剪辑功能十分强大，要全部精通需要大量时间和精力，一开始大家只需要掌握软件基础，就可以上手做视频，边做边摸索出自己的定位，进行单方面的剪辑强化。例如，美妆博主需要强化人像相关的处理，风景博主需要强化调色相关的技能等。

以下Pr视频剪辑基础教程，适用于大部分剪辑小白。

2.2.1 如何明确自身定位

无论是文字还是视频，都只是一种表达方式，而自媒体表达的是什么呢？是视频制作者的思想、偏好、擅长点。

所以，做博主首先就要明确自己的定位。你擅长什么？爱好什么？愿意在哪个方向深耕？同时，你还要清楚自己成为博主后会展现出哪方面的优点和缺点。

以我为例，我擅长写小说，爱好看书、写小说，也愿意在写小说方面投入大量的精力和时间。成为博主后，我的优点是写作功底不错、声音比较有特色、有一点绘画基础，缺点是不太上镜，无法在镜头前给读者呈现那种轻松聊天的感觉，一句话可以卡3次。

所以我给自己定的方向是：以火柴人的形象出现在大众面前，来弥补我的上镜缺陷，同时也能更好地展现我的小说文字功底和绘画技能。用一个词来形容便是：扬长避短。

2.2.2 Pr的基础界面介绍

我这次给大家演示的Pr版本是2020版（见图2-1），

图2-1 Pr图标

近几年来Pr的版本界面几乎都差不多,但为了最佳的学习体验,建议大家使用的都不要低于我这个版本。

打开软件后会出现下面这个界面(见图2-2)。

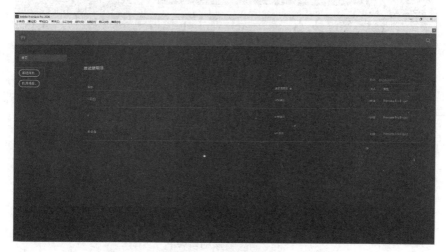

图2-2 初始界面

点击"新建项目"(见图2-3)。

图2-3 点击"新建项目"

出现如图2-4所示的界面,在这里就可以编辑项目名称和存放位置,以及其他数据,一般状态下,其他数据保持默认状态即可。

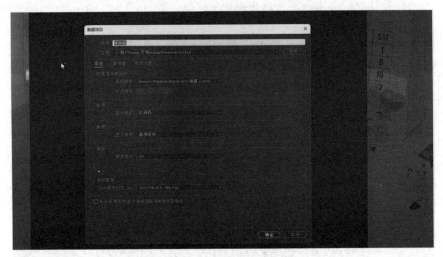

图2-4 新建项目界面

点击确认后便可到达编辑界面(见图2-5)

图2-5 编辑页面

界面右上角这一栏是菜单栏（见图2-6）。

图2-6 菜单栏位置

界面顶部中间这块面板是一个个Pr自带的窗口组合，可根据自己的需求来选择相应面板（见图2-7）。

图2-7 Pr自带窗口组合位置

例1：组建面板（见图2-8）。

图2-8　组建面板展示

例2：颜色面板（见图2-9）。

图2-9　颜色面板展示

我最常用的是编辑面板（见图2-10）。

第 2 章 技术入门：短视频 4 项基本功

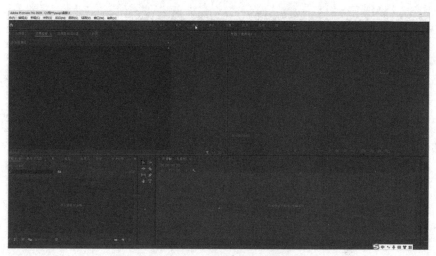

图 2-10 编辑面板展示

编辑面板左下角项目是素材窗口，可以存放素材（见图 2-11）。

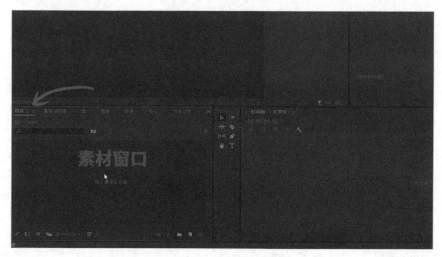

图 2-11 素材窗口位置

单击"导入媒体以开始"，便可以选择电脑本地的素材，进入素材库（见图 2-12）。

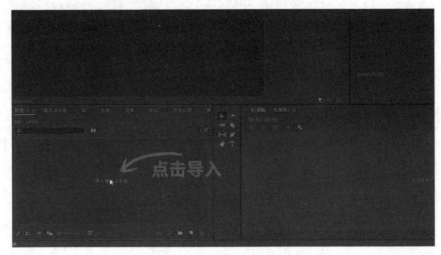

图2-12 导入素材位置

以下是素材导入后的样子（见图2-13）。

图2-13 导入素材展示

同时，这一个区域里有好几个选项，初学者可以先了解效果工具和历史记录。

效果工具界面（见图2-14）：

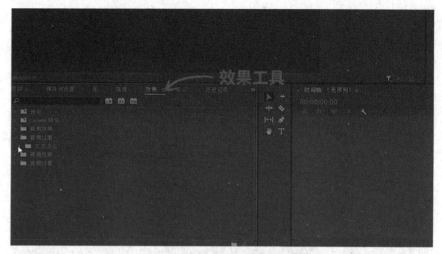

图2-14 效果工具展示

效果工具：可以给视频画面和音频添加各种效果。

历史记录界面如图2-15所示。

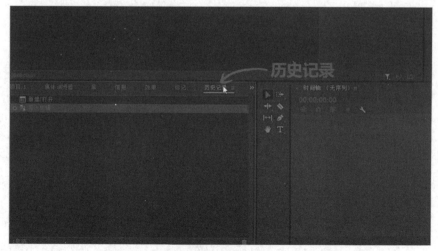

图2-15 历史记录位置

历史记录：会显示我们的编辑记录，当我们做到一半想撤销到之前某一步的时候，可以在这里选择。

稍微朝右看，边上这一侧是工具栏，有很多我们常用的工具（见图2-16）。

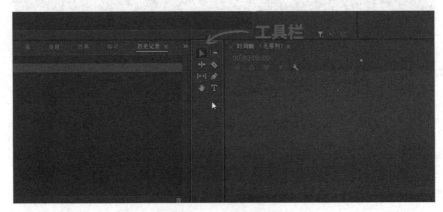

图2-16　工具栏位置

再右边这一长条叫作时间轴窗口（见图2-17）。

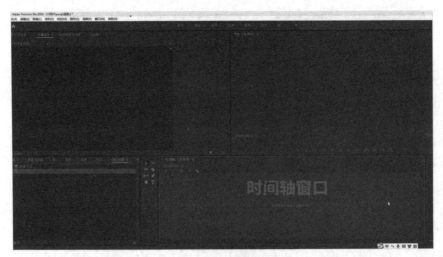

图2-17　时间轴窗口位置

这里有一行字："在此处放下媒体以创建序列"。

顾名思义，当我们将素材放入素材箱里，并将其拖入时间轴窗口，就可以创建序列（见图2-18）。

图2-18　创建序列位置

序列是什么，姑且可以认为是我们要制作的视频，我们在这个序列里制作出什么样的视频，导出后，这个视频就是什么样的。

我们将素材库的示例视频放入时间轴后，时间轴上便会出现序列（见图2-19）。

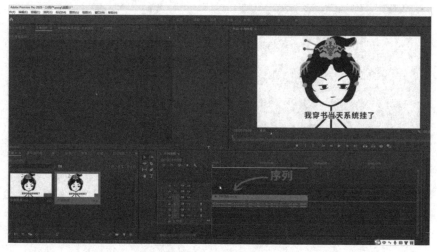

图2-19　序列展示图

因导入的是视频素材,时间轴上出现两段长条,一段是这个视频的画面,一段是这个视频的音频,这两段可以单独编辑(见图2-20)。

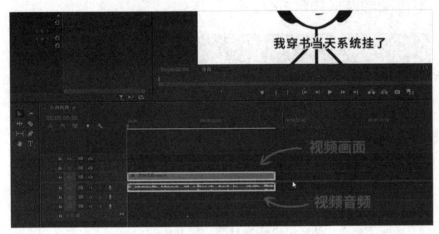

图2-20 可编辑的素材1

上半部分可以放视频、图片、字幕,下半部分可以放音频(见图2-21)。

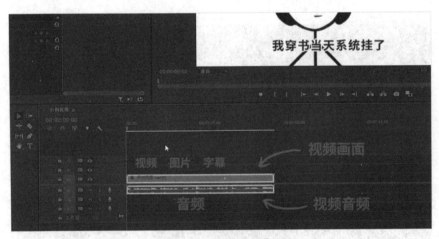

图2-21 可编辑的素材2

时间轴上的00:00:00:00分别指的是小时:分钟:秒:毫秒(见

图2-22）。

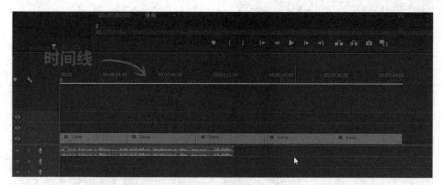

图2-22 时间轴位置

鼠标点在时间轴上的某一个时间点，或移动到某一个时间点时，可以在预览窗口预览我们相应的素材画面内容。

例：位置3秒06毫秒（见图2-23）。

图2-23 预览窗口

时间轴上这个锁一样的图标█（见图2-24），可以将这一栏的图层锁定，无法编辑。

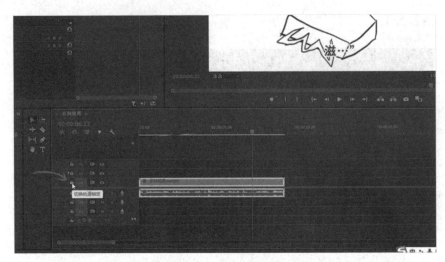

图2-24 轨道锁定设置

锁定状态如图2-25所示。

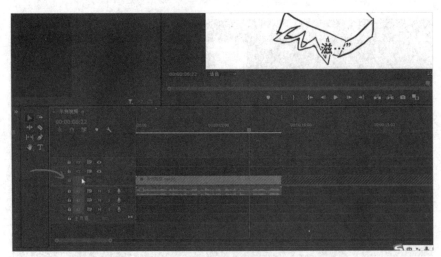

图2-25 轨道锁定状态

眼睛图标 如图2-26所示,关闭眼睛,这一层的图层直接隐藏,打开眼睛就能看到。

第 2 章　技术入门：短视频 4 项基本功

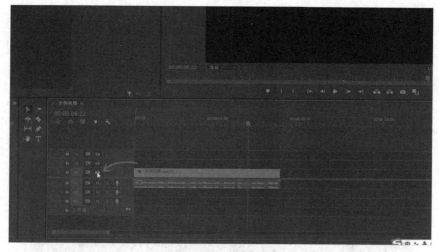

图 2-26　眼睛图标

左上角有"效果控件"，点击时间轴上的某条视频素材，就会出现关于这条视频素材的参数（见图 2-27），这些参数都是可以编辑的，也是我们后面需要学习的。

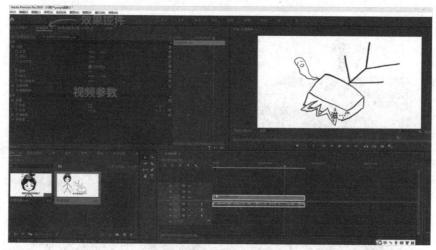

图 2-27　效果控件展示

2.2.3 Pr的基础操作

1. 视频、图片、音频素材区别

图片素材导入时间轴后,会在上半部分显示,颜色为紫红色,代表此素材只有画面(见图2-28)。

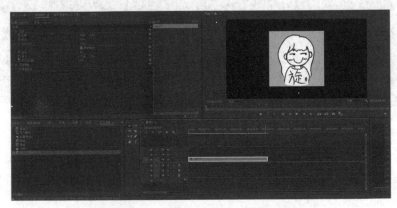

图2-28　图片素材导入时间轴后模样展示

音频素材导入时间轴后,会在下半部分显示,颜色为绿色,代表此素材只有音频(见图2-29)。

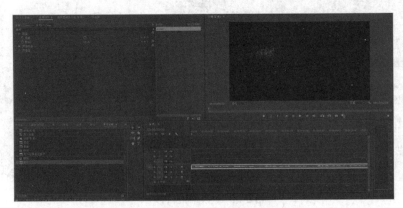

图2-29　音频素材导入时间轴后模样展示

视频素材导入时间轴时，会有两段，颜色为蓝色，代表此素材有画面与音频，默认状态下，可同时对两段进行编辑（见图2-30）。

图2-30　视频素材导入时间轴后模样展示

当我们只需要视频素材里的画面或音频时，可以选择需要编辑的视频素材，右键选择取消链接，分离音频和画面，再对其进行单独编辑（如图2-31所示）。

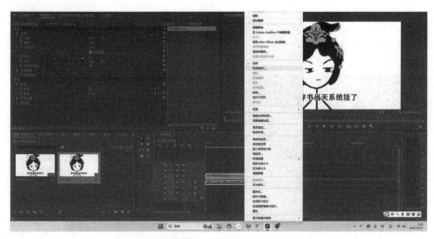

图2-31　取消链接位置

2. 如何缩短素材

将我们需要的图片素材和音频放入时间轴,根据音频内容,将需要缩短的图片进行移动和切断。

例:我们需要将名为1.bmp的图片剪到04秒的位置(见图2-32)。

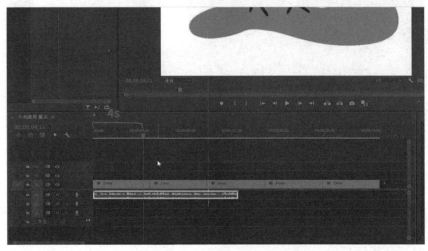

图2-32　1.bmp图片初始状态

方法一:选择工具栏里的移动工具。

移动工具快捷键:V。

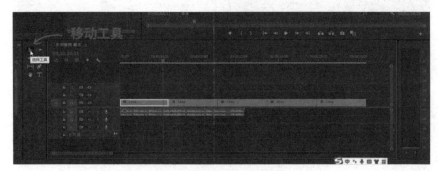

图2-33　移动工具位置

将鼠标挪到素材边缘，当出现这个图标 的时候，长按鼠标左键，拖动到我们想要的位置（如图2-34所示）。

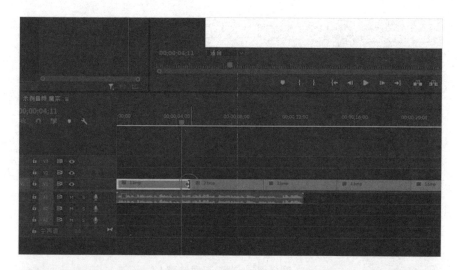

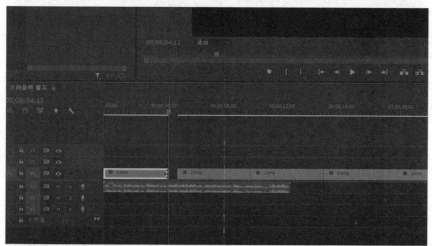

图2-34　使用移动工具将素材图片缩短

方法二：执行剃刀工具（见图2-35）→将素材切断到合适长度（如图2-36所示）→移动工具→选择要删除的素材→按下键盘上的删除键（如

图2-37所示)。

剃刀工具快捷键：C。

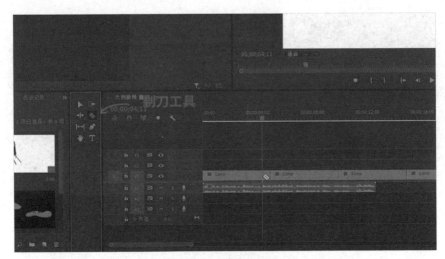

图2-35　剃刀工具位置

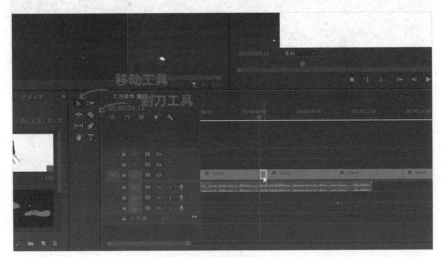

图2-36　素材剪切后的样子

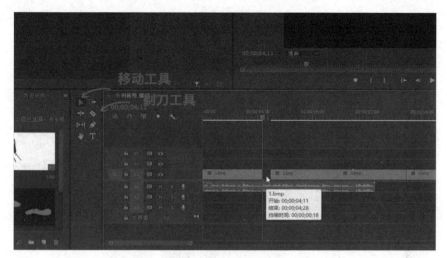

图2-37　切换到移动工具选择要删除的素材

3. 移动素材位置

单击想要编辑的图片或视频（见图2-38）。

图2-38　单击想要编辑的图片或视频

查看左上角"效果控件",会有位置、缩放、旋转等选项,选项后有数值(见图2-39)。

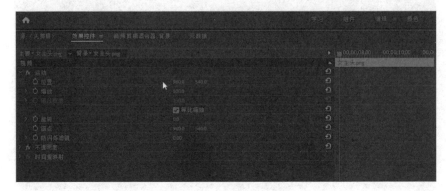

图2-39 效果控件面板

在"位置"选项中直接输入数值或长按鼠标左键,向左拖动/向右拖动,都可以变化素材位置的左右(见图2-40)。

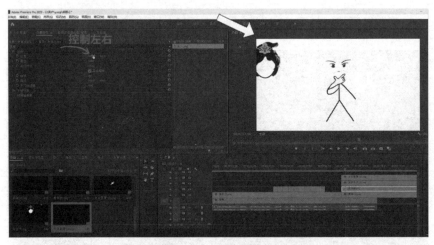

图2-40 控制素材左右

在"位置"选项中直接输入数值或长按鼠标左键,向左拖动/向右拖动,都可以变化素材位置的上下(如图2-41所示)。

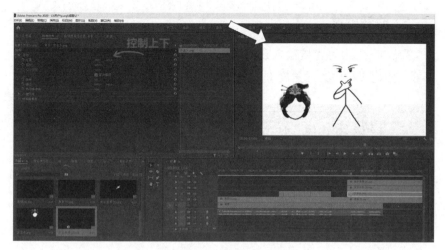

图2-41 控制素材上下

4. 将素材放大缩小

"缩放"选项可直接输入数值或长按鼠标左键,向左拖动/向右拖动,都可以变化素材位置的大小(见图2-42)。

图2-42 控制素材大小

5. 旋转素材

"旋转"选项可直接输入数值或长按鼠标左键,向左拖动/向右拖动,都可以变化素材位置的角度(见图2-43)。

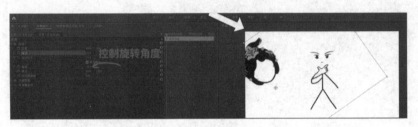

图2-43 控制素材旋转角度

6. 复制属性

复制属性,顾名思义,便是将已经编辑好的素材属性复制下来,并粘贴到新的素材上,可以让新素材的位置、缩放、旋转的角度与前面的素材一致。

单击已经编辑好的素材,按【Ctrl+C】复制,或者右击后选择复制(见图2-44)。

图2-44 复制

选中想要改变的素材，右击，选中粘贴属性（见图2-45）。

图2-45　粘贴属性

勾选想要粘贴的素材→确定，完成（见图2-46）。

图2-46　复制粘贴属性完成后效果

7. 效果—水平翻转

例： 翻转此图片素材（见图2-47）。

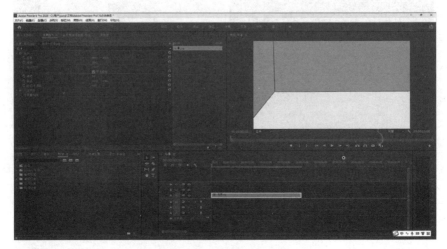

图2-47 素材图片展示

右下角效果窗口位置如图2-48所示。

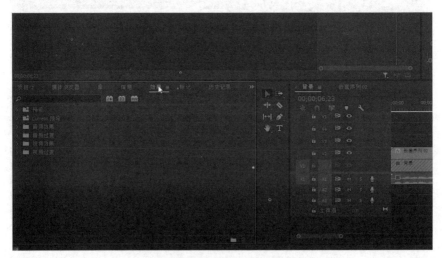

图2-48 效果窗口位置

执行视频效果→变换→ Horizontal Flip（水平翻转），如图2-49所示。

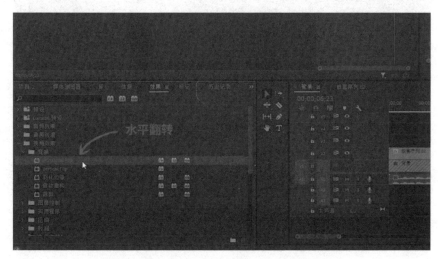

图2-49　Horizontal Flip位置

长按鼠标左键，拖曳到想要编辑的图片上，松开左键，便可水平翻转（如图2-50、图2-51所示）。

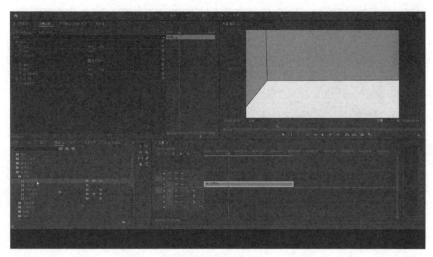

图2-50　将效果添加到素材上（步骤1）

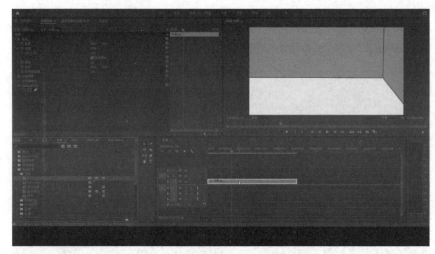

图2-51 将效果添加到素材上(步骤2)

8. 效果—裁切

右下角效果窗口,如图2-52所示。

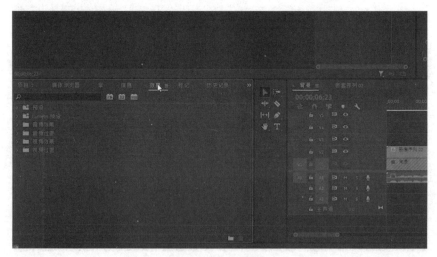

图2-52 效果窗口

执行视频效果→变换→裁剪（见图2-53）。

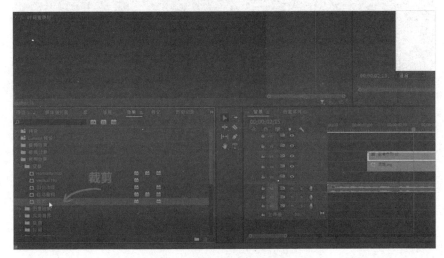

图2-53 裁剪所在位置展示

长按鼠标左键，将其拖曳到想要编辑的素材上，松开鼠标左键（如图2-54、图2-55所示）。

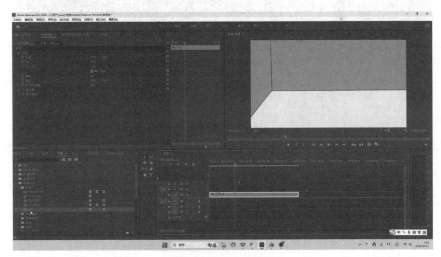

图2-54 将裁剪效果添加到素材（步骤1）

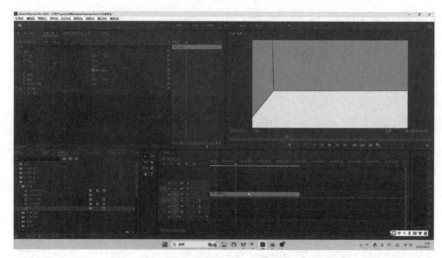

图2-55　将裁剪效果添加到素材（步骤2）

在右上效果控件里会多出一栏（如图2-56所示）。

图2-56　将裁剪效果添加到素材（步骤3）

编辑下方数值便可以对这个素材进行裁剪（如图2-57所示）。

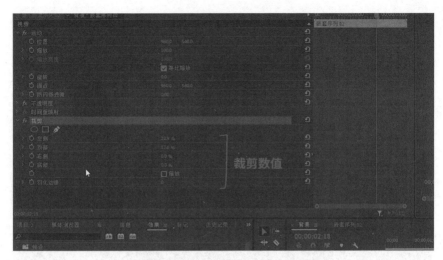

图2-57　将裁剪效果添加到素材（步骤4）

或用鼠标直接进行拖曳裁剪（如图2-58所示）。

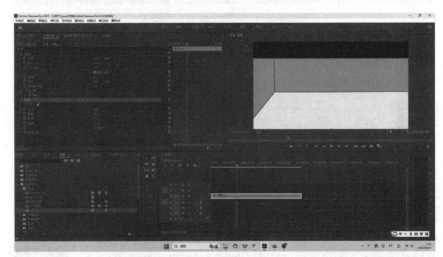

图2-58　将裁剪效果添加到素材（步骤5）

2.2.4 如何在Pr里编辑音频

Pr作为一个视频剪辑软件，也能对音频的音量进行编辑（见图2-59）。

图2-59 时间轴内音频所在位置

滑动右边滚轮，可以直接将音频宽度变窄或变宽（如图2-60所示）。

图2-60 调节音频宽度设置

图2-60 调节音频宽度设置（续）

变宽后，会发现这段绿色音频条里面有一根线（见图2-61）。

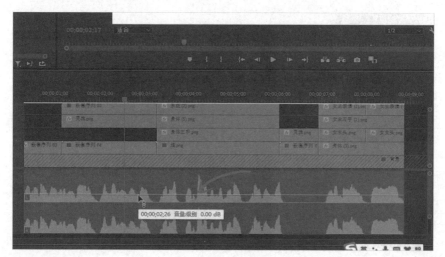

图2-61 音频条

我们拖曳这根线，向上音量放大，向下音量变小（见图2-62）。

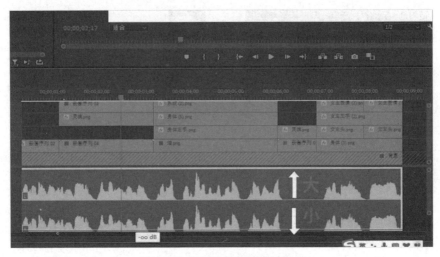

图2-62 音频音量调节设置1

或者选中想要编辑的音频（见图2-63）。

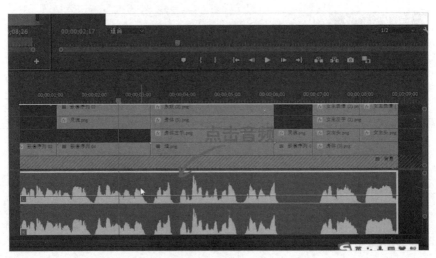

图2-63 选中音频

执行右上角效果控件→音量→级别，数字越大，声音越大；数字越小，声音越小（见图2-64）。

图2-64 音频音量调节设置2

2.3 芝麻酱教你做口播

我的创作大部分以图文为主,毕竟在知乎平台,图文是主要形式。然而,现在短视频兴起,越来越多的用户习惯于通过视频获取信息,我也顺应时代变化,开始用视频做科普。

我的视频内容主要以口播为主,因为口播视频制作难度低、上手快,耗时不像其他视频那么长,是适合大部分新手的视频形式。

我也是从对视频一窍不通,慢慢自学、慢慢摸索开始做视频的,现在也只是一知半解,仍然在不停地学习和练习。

接下来我就给大家分享一下我是怎么从零开始学习做口播视频的,总结一些我的心得。

2.3.1 制作视频的工具

因为我做的是科普类的视频,内容大于形式,所以我就不追求音画质量有多高了,那对于我一个非摄影专业人士来说比较难。所以我在设备这一块的选择就尽可能的简单,iPhone就够用了,其他品牌手机应该也没问题,如果你对画质有要求的话,可以选择相机和三脚架。

照明,我用的是直播补光灯,只要20块钱左右就可以在任何天气和环境下获得稳定充足的光线。

2.3.2 制作视频的流程

第1步：写视频文案

做视频之前首先要写文案，写好文案再导入手机里，录制时看着手机里的提词器录，这样非常方便，效率很高。

写文案的时候要注意按照视频的时长决定字数，根据口播语速，我一般一分钟能念250个字左右。你也可以试一试你的常规语速，算出来自己一分钟念多少个字，根据节奏来计算文案字数。

视频的文案和书面文字有一定的区别，视频文案需要写得更加生动有趣，多使用口语，少使用过于生硬生僻的词汇，多使用短句，少使用长句。另外，最好设置几个和观众的互动活动。

第2步：播音练习

我发现很多人对自己的普通话或对自己的声音不够自信，这种心理会导致在录制视频时过于紧张，反而更容易出错，或者由于不自信，总是对录好的视频不满意。

其实只要想想，那么多视频创作者，有的是普通话不标准的，只要你自信，内容也足够好，大部分人不太会关心口音的问题，特殊的口音甚至还能成为你的特色。

但学一些播音知识仍然是有必要的，视频创作者学习一些播音知识，会对自己的视频大有帮助，主要学习如何吐字清晰，语速均匀，语气更自然，可以在录制视频的时候游刃有余，让自己更自信，录制更流畅，声音效果也更好。

可以在网上找一些播音练习的讲解视频看一看，了解一下播音的基础知识，我在这里就不多讲了，网上的视频既全面又详细，大家可以自行搜索，进行学习。

也可以对着别人的视频进行跟练，比如对着《新闻联播》的视频，模仿主持人的语气跟读，感受把每个字清晰地念出来需要的唇舌力度和感觉，还可以对着镜子跟读，观察自己的嘴型。

平时在空闲的时候可以做一些"播音操"，对嘴唇、嘴周肌肉、舌头进行练习，锻炼力度和灵活度，可以有效避免在口播时出现因力度不足而产生的咬字不清，以及"大舌头"的问题。

播音操的做法可以在网上搜到，搜索关键词"播音操""口播操""口部操"即可。

只需要学几个动作，在刷手机或做任何事情的时候动动嘴，练一练就有很大的效果。也可以在每次录制视频之前做一做播音操，放松一下唇舌。

第3步：录制

录制之前首先要选择一个录制背景，可以是精心设计、布置的房间，也可以是家中一个较为干净、有氛围的角落，也可以是户外，根据你的内容进行匹配。但一般而言，背景不能太杂乱，如果没有补光灯的话，光线要好。

视频录制和剪辑App有很多，可以选择各个视频平台官方视频剪辑App，比如抖音的剪映、B站的必剪、腾讯的秒剪，都是很好用的视频工具，可以根据自己的喜好和需要进行选择。

录制的时候，先把写好的逐字稿导入录制App里，许多视频制作App都有提词器功能，在手机上复制进去就可以了，然后就可以边录制边看提词器了，非常方便。

录的时候可以一次性录完，也可以分段录制。我一般状态好的时候可以一次录完，状态不好的时候会频繁出错，那么就分一小段一小段地录，最后再接合在一起。

第4步：剪辑

全部视频都录好后，就可以做基础剪辑了。

我是直接使用手机 App 来剪辑的，如果你是用手机原相机或台式相机录制的视频，需要先把全部视频导入剪辑 App 里，如果是多段视频，需要按顺序导入。

我会使用 App 里的"字幕识别"功能，给视频加上字幕，这个功能很方便，可以识别视频中的语音，根据语音自动生成字幕。

这样做的一大好处是在后续的剪辑中，无须播放，而只要看字幕就知道每个画面的具体内容，也可以很轻易找到读错字、重复等需要剪辑掉的片段。

把整个视频剪辑顺畅后，可以进行整体的美化和加一些特效。

后期怎么美化取决于个人审美，我常做的操作如下。

● 调整字幕。检查字幕中的错别字，给字幕设置合适的颜色和字体，易于阅读，可以把字幕中的关键词做重点突出显示。

● 增加转场效果。使用空镜头或纯文字画面来分割视频，作为转场或作为不同小节的小标题。

● 插入图片和视频。在需要调用图片或其他视频资料时，插入相关资料并设置合适的视觉效果。

● 增加花字和音效。对于视频中提到的一些关键词，在画面中增加花字以突出强调，并配上相应的音效。

● 增加片头（封面图）和片尾。短视频不需要花里胡哨的片头，可以直接省略传统片头，但一张好的封面图可以增加点击率，值得认真去做。封面图最简单的做法就是在视频中截取一张图后加上文字，文字一定要简练，字要大。片尾通常用来引导观众点赞、关注、评论。

以上就是我目前为止浅薄的视频制作经验，希望对大家有所帮助。作为一个多年的图文创作者，我刚开始什么都不会，很简单的文案录了一次又一次，都不满意，剪辑一个3分钟的视频要花两三天，而现在我可以轻松顺畅、快速地完成短视频和中视频的制作，都是靠不断去做、不断去尝试，才越来越熟练。

万事开头难，我认为做视频这件事，只有靠马上去做、多练习才能进步，我还在继续学习中，与大家共勉。

2.4 小伟吖教你手机拍摄

随着科技的发展,越来越多的用户习惯于通过视频获取信息,短视频已经成为人们生活中不可或缺的一部分。无论你是初学者,还是有一定基础的短视频爱好者,这篇文章都将为你提供一份详尽且实用的教程。

2.4.1 前期准备

1. 设备选择

可以选择一部相机或手机,预算有限的话,选择一部手机,大部分拍摄需求都可以得到满足。我做短视频5年,几乎没有用过相机。选择一款性能比较好的手机,不然后面剪辑视频可能会出现卡顿。

2. 视频画质

可以选择1080/60帧、4K/60帧等(见图2-65),我一般选择1080/60帧,基本够用了。4K的话需要手机硬件比较好,不然后期手机剪辑制作很容易卡。

3. 摄影三脚架

对于需要稳定画面的拍摄,三脚架是一个很好的选择,它可以保持手机稳定,没摄影师拍的时候,用它再合适不过了。

图2-65 录制视频设置

2.4.2 拍摄技巧

1. 构图：了解基本的构图原则

摄影构图有多种方式，我最常用的是以下3种，如图2-66所示。

（1）框架构图。就是给画面安一个框架，这样拍出的画面具有层次感，门框、窗框都可以作为框架拍摄。

（2）居中构图。即把我们想拍摄的对象置于照片的正中央，突出主体。

（3）对称构图。顾名思义，就是让照片对称，可以是上下对称，也可以是左右对称，具有平衡稳定的特点。

图2-66　3种构图展示

2. 景别

景别的选择就是摄像者对画面叙述方式和故事结构方式的选择。不同景别，往往表现着不同的视野、空间范围、视觉韵律。景别分为远景、中景、全景、近景和特写，如图2-67所示。

● 远景。通常可用来交代故事环境，具有非常强的张力和画面空间感，能带给观者较为丰富的联想感和发散性思维。

● 全景。人物在画面中占较大比例，这种景别能充分展现画面中主体的动作形态，衣着面貌。

● 中景。人物在画面中占绝大比例，此类景别可展现人物更多的细节，在视频中通常起到过渡到其他景别的作用。

图2-67　5种景别展示

● 近景。通常拍摄人物腰部以上位置，这个景别更强调人物的神态、面部表情，及心理活动。

● 特写。通常拍摄人物的面部表情，或者局部身体，也可以是拍摄环境中的某一微小元素。

3. 选择角度

不同的拍摄角度，有着不一样的画面表现，不同的拍摄角度对拍摄主题的表达有着重要的作用。

● 平拍。这种视角通常用于纪实性拍摄，特别适合拍摄人物的特写和近景，能够生动地呈现谈判双方、讨论中的团队或朋友之间的互动。

● 仰拍。仰拍能够营造悲壮或崇高的氛围，或者模拟儿童的视角，为场景注入更多戏剧性。

● 俯拍。这个角度有助于展示场景内的景物层次和规模，能够有效地传达整体感和宏大的氛围。它也常用来表现人物的低微、陷入困境、软弱无力、压抑或低沉的情感。

● 斜拍。倾斜的角度能够营造出一种不确定的紧张感,特别适用于传达复杂情感或反派人物的扭曲性格。

4. 运镜

通过运镜让画面具有动态感。

● 推:强调主体的重要性或增强紧张感。

● 拉:揭示更多的环境或放大场景。

● 移:上下左右移动,强调主体的高度或展示上方或下方的景象。

重点:不管怎么移动推拉,所拍摄的人或物要始终在镜头里面,取中最好(九宫格的中间一格,视频的中间),这个有一点难度,要多多练习(见图2-68)。

图2-68 运镜示范

2.4.3 多去实践

基本拍摄技巧掌握以后,可以试着去拍。多多练习,熟能生巧!我平时自己用得最多的就是中位构图法,不管怎么运镜,主角要始终保持在中位,很多新手去运镜,常常把人给拍没了,这个要多多练习。

以上就是我总结出的拍摄经验,希望能对大家有帮助!

第3章

网感训练：有了网感发内容才有流量

3.1 什么是网感？网感等于"四感"

不少人在掌握了拍摄或剪辑技能后，以为就此脱离了菜鸟的行列，殊不知一发作品，流量还是没多少，其原因就在于网感缺失。唱歌需要乐感，踢球需要球感，同理，做自媒体需要网感。可网感是什么意思呢？这个概念其实很少有人能讲清楚。佩弦通过对KOL和爆款内容做专项研究，用一个公式让你秒懂：

网感＝话题感＋结构感＋节奏感＋情绪感

网感的第一层意思是对话题的敏锐度，网感强的人，知道策划什么样的选题能够吸引更多的目标用户；

网感的第二层意思是对结构的认知度，网感强的人，知道设计什么样的钩子能阻止用户轻易划走；

网感的第三层意思是对节奏的掌控度，网感强的人，知道采用什么样的叙事节奏或洗脑音乐让用户上头；

网感的第四层意思是对情绪的展现度，网感强的人，知道通过什么样的方式调动目标用户的情绪（见表3-1）。

表3-1 网感等于"四感"

话题感	结构感	节奏感	情绪感
● 抓住永恒热点 ● 紧跟实时热点	● 剧情类短视频的钩子结构 ● 演讲类短视频的钩子结构 ● 搞笑类短视频的钩子结构 ● 教学类短视频的钩子结构	● 卡点 ● 变速	● 表情 ● 感叹词 ● 颜色 ● 声音 ● 光影

3.2 网感就是话题感：3个选题工具帮你上热门

网感的第一层意思是对话题的敏锐度。热点话题包括永恒热点和实时热点。你围绕永恒热点或实时热点找到的选题，往往比天马行空想出的选题上热门的概率更高。

3.2.1 永恒热点在哪里找？

永恒热点是指读者高频搜索、关注、讨论的话题或问题。例如，美食领域的永恒热点有"回锅肉怎么做""成都哪家自贡菜好吃""海底捞怎么吃最划算"。

1. 抖音去哪儿找永恒热点？

在抖音找永恒热点，告诉你一个好工具：创作灵感。

第1步 ▶ 在抖音App中搜索【创作灵感】→点击【去查看】（见图3-1）。

第2步 ▶ 根据你的创作领域，可以

图3-1 点击【去查看】

查找各赛道的永恒热点。例如篮球赛道的热点话题有"篮球卡点视频"（见图3-2），亲子赛道的永恒热点有"父母与孩子沟通技巧"（见图3-3）。

图3-2　创作灵感页面1

图3-3　创作灵感页面2

2. 小红书去哪儿找永恒热点？

小红书找永恒热点，告诉你一个好工具：笔记灵感。

第1步 ▶ 在小红书App中点击【我】→点开左上角"三根杠"≡→点击【创作中心】（见图3-4）。

第2步 ▶ 根据你的创作领域，可以查找各赛道的永恒热点。例如职场赛道的热点话题有"下班后宁静的夜晚"（见图3-5），美食赛道的永恒热点有"旅途的烟火气小店"（见图3-6）。

图 3-4　点击【创作中心】　图 3-5　创作中心页面1　图 3-6　创作中心页面2

3. 知乎去哪儿找永恒热点？

在知乎寻找永恒热点，推荐你一个好工具：创作灵感。

第1步　在知乎App中点击【我的】→点击【创作中心】→找到【创作灵感】（如图3-7和图3-8所示）

图 3-7　点击【创作中心】　　　　图 3-8　找到【创作灵感】

第 3 章　网感训练：有了网感发内容才有流量

>**第2步**　在【推荐】(见图3-9)或【人气问题】(见图3-10)中寻找永恒热点。

图3-9　在【推荐】中寻找

图3-10　在【人气问题】中寻找

3.2.2　实时热点在哪里找？

实时热点是指只有在特定的时间点才会出现，网友只在某几天感兴趣的事件和话题。具体包括突发事件、行业新闻、节日、节气、忌日、热歌、热综、热剧。

1. 抖音去哪儿找实时热点

(1) 抖音热榜

第1步 在抖音App中点击右上角的放大镜（见图3-11）。

第2步 通过【抖音热榜】查看实时热点（见图3-12），通过【热歌榜】查看实时热点（见图3-13）。

图3-11 抖音页面

图3-12 【抖音热榜】页面

图3-13 【热歌榜】页面

(2) 抖音热点宝

第1步 在抖音App中搜索【热点宝】→点击【抖音热点宝】（见图3-14）。

第 3 章　网感训练：有了网感发内容才有流量

图3-14　点击【抖音热点宝】

第2步 通过【话题】查看实时热点（见图3-15），通过【热词】查看实时热点（见图3-16）。

图3-15　【话题】页面

图3-16　【热词】页面

在查找实时热点和热词的时候,需注意点击【全部垂类】(见图3-17),以筛选你所在领域的热点话题,例如你是亲子领域,可以选择"亲子"(见图3-18)。

图3-17 点击【全部重类】

图3-18 选择"亲子"

2. 小红书去哪儿找实时热点

第1步 ▶ 在小红书App中点击右上角的放大镜(见图3-19)。

第2步 ▶ 显示出当天的实时热

图3-19 点击放大镜

点（见图3-20），选择跟自己领域匹配的热点来追。

图3-20　显示实时热点

3.3　网感就是结构感：提升完播率的4组钩子模板

网感的第二层意思是对结构的认知度。在短视频脚本中有意识地埋入"钩子"，可以起到提升视频完播率的效果。冲突、反转、悬念、彩蛋等手法，都可以扮演短视频脚本中的"钩子"。

3.3.1　剧情类短视频的钩子模板

著名剧作家、编剧老师罗伯特·麦基说过，经典的叙事设计都表现了人类思考方式的时间、空间和因果关系的特点，否则我们的大脑不会接受。人们最易于接受的叙事结构就是"三幕式"的经典结构（见表3-2）。"三幕式"刚好构成了完整的因果关系，符合人类大脑的记忆规律。曾经有人抽样统计，至少有90%的故事都是"三幕式"的结构，其内在结构符合逻辑学原则，构建出来的故事也可靠、踏实，因此深受观众喜爱。

表3-2 三幕式结构

第一幕	第二幕	第三幕
开端	冲突	解决
开始介绍角色，让我们在冒险开始之前了解主人公的世界	主人公的世界被搅得天翻地覆，我们了解了他必须克服的障碍	问题解决了。主人公的世界发生了彻底的变化，所有人都过上了幸福的生活

由于场景和传播媒介的改变，如果直接套用"三幕式"的结构来写短视频脚本，还没等铺垫到位，视频就会被用户划走。于是，一种新的结构形式应运而生，成为不少剧情类短视频创作者的钩子模板：

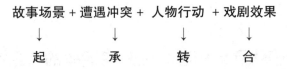

以剧情类账号@朱一旦的枯燥生活为例，多个作品都采用了以上钩子模板，如表3-3所示。

表3-3 @朱一旦的枯燥生活 结构拆解

剧情	结构
朱一旦开着车	故事场景
朱一旦遇见一个小混混	遭遇冲突
朱一旦给小混混道歉，还转给他1000元	采取行动
小混混单膝跪地，感激涕零	戏剧效果

以剧情账号@四平警事为例，多个作品也采用了钩子模板，如表3-4所示。

表3-4 @四平警事 结构拆解

剧情	结构
中巴车行驶在路上	故事场景
被两名抢劫犯拦下	遭遇冲突
两名抢劫犯上车	人物行动
结果被事先接到举报的警察当场抓获	戏剧效果

3.3.2 知识类短视频的钩子模板

抖音本质上是娱乐平台,创作者在制作知识类短视频时,如果像课堂上老师讲课那般照本宣科,是会让用户抗拒的。对此,教你一个不少知识博主都在用的钩子模板:

指出错误 + 给出解释 + 正确示范
↓　　　　↓　　　　↓
引起注意　提高兴趣　解决方案

以知识博主@许岑和科普账号@抖音安全中心为例,以下两个作品都采用了钩子模板,如表3-5和表3-6所示。

表3-5 @许岑 结构拆解

画面	结构
老师对学员:"这PPT是你做的?改3个地方,第一,图片冲击力不够;第二,不要轻易把图片弄成纸质照片的样子;第三,文字需要美化。"	指出错误
老师:"做PPT的第一要义,不要给观众制造困惑与麻烦。"	给出解释
改进后的PPT与改进前的PPT对比	正确示范

表3-6 @抖音安全中心 结构拆解

张三：听说抖音养了号，我的视频流量就能飙升 李四：天啦，你可打住吧，快听我给你好好讲一讲	指出错误
李四：抖音不存在养号的概念，通过养号帮助账号提升权重来获取更多流量的说法是完全错误的	给出解释
李四：想让自己的账号被更多人关注，需要持续发布精彩作品，用心创作一定会带来丰厚的回报	正确示范

3.3.3 搞笑类短视频的钩子模板

1. 对比产生反差感

对比，指的是把两个相反、相对的事物或同一事物相反、相对的两个方面放在一起，用比较的方法加以描述或说明的手法。采用对比手法，是搞笑视频创作的惯用套路。

以搞笑账号@岳老板为例，多个作品都采用了此类钩子模板，如表3-7和表3-8所示。

表3-7 @岳老板 结构拆解（1）

字幕	画面
回村过年前的你	西装墨镜，豪车接送
回村过年后的你	草绿大衣，锄地喂鸡

表3-8 @岳老板 结构拆解（2）

字幕	画面
发工资的第1天	走在街上，昂首挺胸
发工资的第2天	开心购物，满载而归
发工资的第3天	炸鸡卤煮，大快朵颐
发工资的第4天	西装革履，豪车接送

续表

字幕	画面
发工资10天后	从三八大杠下来,到垃圾箱捡瓶子

2. 错位产生违和感

心理学中有一种心理定式错位叫作"行为错位",是指一个人做了有悖于自己身份的事情,会让观众眼前一亮、捧腹大笑。采用错位手法,也是搞笑视频创作的惯用套路之一。

以搞笑账号@岳老板为例,多个作品都采用了钩子模板,如表3-9和表3-10所示。

表3-9 @岳老板 结构拆解(3)

身份	行为
老板	捡瓶子

表3-10 @岳老板 结构拆解(4)

身份	行为
员工	迟到罚款200元,上交2000元,说明天还可能迟到; 老板让加班,给200元加班费,员工拿出1000元,说不想加班; 下班时老板骑自行车,员工却开豪车

除了身份与行为的错位,把不协调的画面和配音凑在一起,也能有奇效。以搞笑账号@papi酱和@美少女小惠为例,多个作品都采用了钩子模板,如表3-11和表3-12所示。

表3-11 @papi酱 结构拆解

画面	配音、配乐
坐在办公室的转椅上滑动	五轮至尊,不止比四轮多一轮,五轮驱动,尽享驾驶乐趣

表3-12　@美少女小惠 结构拆解

画面	配音	BGM
深夜煮泡面，用刀叉吃火腿肠，用红酒杯喝可乐	北纬28度，来自长江、湘江的水，最适合在午夜温暖食材； 相对于82年的可乐，我更喜欢18年的，毕竟82年的已经过期，不像我的美貌，永远不会过期	王家卫电影《花样年华》主题曲《Yumejis Theme》

3.3.4　美食带货类短视频的钩子模板

做美食带货视频，如果按部就班教人做菜，除非你是知名人物，否则视频的完播率一般都不高。对此，教你一个许多美食博主都在用的钩子模板：

以美食账号@玲玲美食日记为例，作品采用了钩子模板（见表3-13）。

表3-13　@玲玲美食日记 结构拆解

画面	结构
做好的冷吃兔，用锅铲翻动	成品展示
玲玲介绍本期视频内容	开场介绍
玲玲分步骤教观众做冷吃兔	制作过程
玲玲展示调料，箭头指向小黄车	推荐商品

3.4 网感就是节奏感：洗脑上头就用这2招

网感的第三层意思是对节奏的掌控度。节奏包括快慢、起伏、强弱等。节奏是以某种声音形式的循环往复，而不是毫无规律可循的各种声音形式的拼合。节奏技巧的合理运用，能强化所传达的感情，感染受众，引发共鸣。

接下来就由@健身小伟吖主理人小伟吖（抖音156万粉丝）教你卡点和变速技巧。

3.4.1 小伟吖教你卡点

卡点视频的制作，我一般都会用剪映App的节拍功能自动添加节拍点。先点击节拍功能（见图3-21），再点击自动踩点（见图3-22）。

 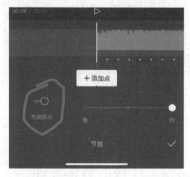

图3-21　在剪映里点击"节拍"　　图3-22　在剪映里点击"自动踩点"

节拍可以选择快慢，如果视频片段比较长，视觉冲击力比较强，可以选择快节拍。慢节拍卡点不是很明显，我一般都会选择快节拍。

踩完点以后，把每一步太空漫步都对应到相应的踩点（见图3-23），或者说每一个片段开头结尾都对应踩点（见图3-24）。

图 3-23 动作对应相应踩点 1　　图 3-24 动作对应相应踩点 2

踩点对应完以后，把视频导出来，就是一个有节奏的太空漫步。

3.4.2 小伟吖教你变速

接下来我教大家怎么将视频变速。

首先导入想剪辑的视频，点击"剪辑"（见图 3-25），然后点击"变速"（见图 3-26）。

图3-25 点击"剪辑"

图3-26 点击"变速"

剪映App中的变速分为常规变速和曲线变速(见图3-27)。

图3-27 常规变速和曲线变速

常规变速是指通过变速剪辑改变视频的时长（见图3-28），而曲线变速则是制作有创意的视频效果（见图3-29）。

图3-28 常规变速

图3-29 曲线变速

3.5 网感就是情绪感：传递情绪就用这4招

网感的第四层意思是对情绪的展现度。如果说作品中主题是骨、技术是肉，那么情绪则是血。情绪直接影响作品的主观性，并且是营造作品良好艺术氛围的重要条件，情绪化的体现才使作品独放异彩，发挥出作品最大的魅力。

3.5.1 标题太平庸,感叹词来拯救

出现在口头和书面表达中的感叹词,是我们表达所经历的情感、体验和感受的见证。它们常常呈现在表述方式中,以即时、连贯的形式,加强我们的情感、心情和语气。通常用于向读者传达说话者的某种情绪或表情(如惊讶、喜悦、热情、厌恶、悲伤、赞同、呼唤、关注等)。写小红书笔记,在正文和标题中加入感叹词能帮助放大情绪(见表3-14)。

表3-14 普通标题vs爆款标题

普通标题	爆款标题
我的连衣裙上身效果	好甜!好辣!啊!好喜欢!连衣裙太美啦!
48个新媒体人的运营工具分享	绝绝子!48个新媒体运营人必备工具
酸甜清爽、冰凉解暑的4款饮品	39℃靠它们救命!4款神仙饮品!好喝到分分钟想去开店
今天的面试让我感到极度不适	服了!面试还问你有没有男朋友这种问题

感叹词包括中文、英文(见表3-15)。

表3-15 中英文感叹词

		示例
中文	普通话	哎哟、极了、多么
	方言	哦豁、巴适
	网络语言	YYDS、绝绝子、emo
英文		Oh、My God、Damn、Bravo

3.5.2 封面太平庸,表情来拯救

20世纪90年代,意大利科学家在实验中发现,人类具有镜像神经元,

也就是别人的情绪,你的镜像神经元可以反映出来并感受到,这是情绪传染的基本原理。当我们开怀大笑时,身边的人的镜像神经元就能反映出快乐,我们就把快乐传递给了身边人。当我们生气的时候,我们也把愤怒传递给了身边的人。同样的,身边的人如果快乐,我们也会感觉到快乐;身边的人如果生气,我们也会感受到生气,如此一直循环下去。情绪是可以传染的。

例如陈海泳在设计封面时,总是通过自己的脸部表情(见图3-30)来传递情绪和信息。又比如萌萌妈,会通过小狗的表情来传递情绪和信息(如图3-31所示)。

图3-30 @模仿帝陈挑战的封面

图3-31 @柯基呆萌萌的封面

3.5.3 声音太平庸，音效来拯救

认知心理学家和语言学家 Steven Pinker 将音乐比喻为"听觉芝士蛋糕"。音乐是我们制作和传递情绪的事物，是情绪的艺术，就像蛋糕对于舌头上的味蕾一样。

脑成像的研究表明，音乐传达的情绪几乎调动了所有的大脑边缘及旁边缘结构的活动。包括下丘脑、脑岛和前扣带回、与记忆形成有关的海马体及负责认知活动的前额叶。此外，还有多种神经递质也参与了音乐情绪的加工，如多巴胺、血清素、内啡肽等。

在2009年，德国的一项实验研究发现，即使文化、音乐背景都不同，音乐中的基本情绪（快乐、忧伤和恐惧）还是可以被感知并识别出来。2011年，Daynes、Helen 的研究展示了对音乐的熟悉度会增加人们的情绪反应，对于非音乐专业的学生来说，对无调性音乐的情绪反应要比有调性音乐更低。

用剪映这款剪辑软件，可以在"音频"选项中点开"音乐素材"（见图3-32），各种舒缓、治愈、伤感、动感的音乐供你选择。除此之外，剪映还提供各种音效素材（见图3-33），让你的作品声音更有层次。

图3-32　剪映音频界面

图3-33　剪映音效界面

3.5.4 画面太平庸，特效来拯救

1. 调色效果

画面中的颜色有助于更直观地传达情绪。用暖色调显得有力量，用冷色调强调清新，用深色调营造神秘、孤独，或忧郁。使用对比色可使图像突出，使用相似的色调，可创造彼此一致的情感维度和交流。

第1步 ▶ 打开剪映App，导入视频，点击右下角"调节"，开始调色（见图3-34）。

图3-34 找到下方"调节"

第2步 ▶ 选择"饱和度"，可以控制画面的饱和度（见图3-35），向左拉动，红色会逐渐变成灰色（见图3-36）。

第3章 网感训练：有了网感发内容才有流量

图3-35 调节饱和度

图3-36 向左拉动的效果

还可选择"光感"（见图3-37），向右拉动，让画面暖暖的（见图3-38）。

图3-37 选择"光感"

图3-38 向右拉动的效果

2. 综艺效果

很多人都喜欢看综艺节目，综艺轻松、幽默的氛围能够带来身心的放松。对于综艺视频来说，剪辑是非常重要的一步，能够增加人物的趣味性，从而让视频更具娱乐性，吸引观众眼球。

接下来教你制作综艺节目中的大头效果。

第1步 打开剪映App，导入视频，先点击下方"特效"（见图3-39），再选择"人物特效"（见图3-40）。

图3-39 点击"特效"

图3-40 选择"人物特效"

第2步 在"情绪"下面有各种人物特效，我们这次选择的是大头（见图3-41），选择后头部放大（见图3-42）。

图3-41 选择"大头"

图3-42 选择"大头"的效果

第4章

自我管理：
下班后做好平衡

4.1 李如春教你时间管理

备课、授课、做课题、发表论文、参加研讨会，还有日常工作等是我的主业，这个需要认真去做，需要占用很多时间。在这种情况下，做自媒体只能根据轻重缓急合理分配时间。

一开始做自媒体，我不太会管理时间，几乎是想到什么就做什么，经常搞得一团糟。知乎、今日头条、公众号都没有细心去做，虽然耗费了不少时间，但产出比很低。因为主业已经很费时间与脑子了，就想着做自媒体尽量少动脑子，少用时间，以一种游戏、娱乐的心态去做。有时候想想，发朋友圈连收入都没有，不也是天天发吗？发个知乎、公众号啥的还有收入呢，何乐而不为？

后来我觉得做自媒体如果不追求流量，可以简单随性地发表自己想要表达的内容；如果追求流量，并希望通过自媒体获得收益与个人影响力的话，就要综合考量，认真对待了。由于我本身有教学、科研的任务，填各种表格，写各种论文，还有一些管理工作，时间并不充裕，在这种情况下，经营自媒体就要充分调配好时间。

自媒体的内容非常讲究时效性，需要及时跟进社会热点问题。如前

第4章 自我管理：下班后做好平衡

一阵刀郎的新歌《罗刹海市》成为网络热点歌曲，我利用自己的专业优势对歌曲进行了分析与评价，在某平台一天就获得近20万的阅读量和数千条评论。对于这样的突发的热点，一定要及时跟进，在保证质量的前提下，挤出时间也要做。

除了突发的情况，平常从事自媒体的内容制作要养成好的时间管理模式，在有工作的情况下，可以充分利用业余时间做好自媒体，在网络上占有一块自己的阵地。

对于有效的时间管理，我其实没什么经验，因为我的时间管理几乎全凭感觉，但有几点还是挺有效的。

一是早睡早起。如果没有特殊情况，晚上10点左右尽量睡觉，早晨5点左右起床，这样的话，上午的时间会觉得很长，先干两小时的活或写两个小时的文章再吃早饭才7点左右，然后该上班上班，该干啥干啥。周末不上班的话，上午会有6个小时左右的时间，可以做一些需要整块时间的工作。

二是晚饭要早吃，晚饭尽量五点半左右吃，少参加酒局，不喝酒的话，用半小时的时间基本就能吃完饭，早吃晚饭对身体和睡眠都有好处。6点左右吃完饭，到10点左右上床，中间有4个小时的时间可以经营自媒体。中午时尽量睡一会儿，半小时左右就行，这样下午和晚上都有精力。

三是做好统筹，有效利用小块时间。古人读书有利用"三上"的说法。"三上"指的是枕上、马上与厕上。读书要充分利用睡觉前、骑在马上走路与上厕所的时间。做自媒体也要充分利用睡觉前、上厕所的时间，现代人不骑马了，但是我们会乘坐地铁、公交、轮渡等交通工具，乘坐交通工具的时间一般在半小时到1个小时，完全可以好好利用。如果这些琐碎时间不能完成一些耗时长的任务，总可以完成收集、整理与上传材料等耗时短的任务，也可以利用这些时间思考，对将要制作的内容进行设计规划。

高效的时间管理对于自媒体工作的顺利开展确实非常重要。自媒体的运维包括多个方面的工作，如创意构思、收集素材、信息编辑、摄影、整理、评论区互动等。运营过程中要制定好目标与计划，明确各阶段的任务，做好时间管理。有了经验以后，很多工作可以齐头并进。还要注意不要把时间安排得太满，给自己留一点容错修改的时间，不要匆匆忙忙，可以保证高质量地完成自己的目标和计划。

时间管理中，运营的逻辑顺序要清晰明确，要分清主次。在工作的空余时间去经营自媒体，要根据任务主次合理地安排时间。有的耗时长的运营活动适合在周末有连续时间的时候去做，像大块的文字编辑、视频剪辑、图片处理等任务。另外，与粉丝的良性互动对于自媒体的成功与否非常关键，是运营过程中的重要一环，但这些即兴回复完全可以放在自己短暂的空闲时间去做，既不会耽误工作，也能充分利用琐碎的时间。

自媒体的内容不仅与个人的知识结构、世界观等多方面息息相关，也受到法律、道德的约束。自媒体人平时应该注意提高各方面素养，拓宽思维的广度、善于挖掘问题的深度。这样利用平时积累的素材、锻炼的思维在需要时就会发挥重要的价值，为你的内容搭建优秀的底层逻辑。

时间管理还应该具体问题具体分析。每个人的情况都不一样，要根据自己的工作、生活实际去合理安排时间，既不要对自己本职工作和日常生活造成过多影响，也要高质量地产出原创性、受欢迎、有社会价值与经济效益的内容。

4.2 Dr老爸教你精力管理

不少人说，上班已经够累了，下班还要带娃，好不容易有一点属于自己的时间，就想"葛优躺"、玩手机，哪儿还有精力搞什么自媒体哦！

嗯，先聊聊我自己吧。我的工作比起多数人来说应该不算轻松，虽然家务活干得少，但家里还有两个娃，辅导孩子功课的任务由我全包。既要工作又要带娃，怎么还有精力做自媒体呢？不累吗？

第 4 章　自我管理：下班后做好平衡

　　这得看你怎么去定义"累"。有人认为，下班后躺在沙发上玩玩手机就不累了，很休闲，但我认为这很无聊，奶头乐式的满足感已不能吸引我；也有些人喜欢健康的生活方式，有空就去慢跑、散步、健身，这很好，我也喜欢，不过，在慢跑、散步或者健身时，你的脑子是完全放空的吗？我做不到。完全放空脑子会让我感到无聊，估计各位也都如此吧？否则，没事干时发呆就好，玩什么手机呢？什么也不想的状态，坚持十分钟是可以的，但要坚持半小时，难！其实，除了睡觉，我们通常做不到完全不用脑子，只是看你怎么用而已。所谓休息，不过是让这部分大脑暂停运转，让另一部分大脑动起来，轮流工作，也就不累了。那么，问题来了，空闲时，你的脑子会用来想些什么、干些什么？是温习办公室八卦，回顾家长里短，还是刷刷短视频，沉迷于低级、片刻的满足感中？

　　以前，我爱好看书与运动，这是很好的生活方式，把自己从工作与生活琐事中解放出来，不是身体在路上，就是头脑在路上。后来，开始写作自媒体，虽然挤占了一部分看书与运动的时间，但也让我有了新的目标与追求，自己会情不自禁地反复思索，最近有没有什么热点？从我的专业角度，该如何去解读它？怎样把自己的想法呈现出来，构成一篇文章？我也会在头脑中描绘出美好的蓝图，这篇文章发出来后，会引起怎样的轰动，阅读量能达到多少，多少读者会点赞、转发？能激发出大家的热烈讨论吗？我该如何回复与引导？人的身体，越运动越有活力，同理，我们的大脑，越思考越清晰、越睿智。我享受这样的过程。

　　所以，精力管理似乎并不重要，重要的是分配。我们总是有些多余的精力，只是，你要有所选择，选择如何去分配、去使用，多余的精力可以用于刷短视频，也可以用于打游戏，虽然这些都无可厚非，但我没有这样选，不是因为我特牛或高雅，而是做自媒体后逐渐获得的正向反馈，让我一步步陷入，慢慢投入了更多的精力进去。

　　刷短视频可以获得短暂的满足与快乐，但刷完也就完了，什么都不会留下；打游戏还好些，毕竟打怪升级，能从菜鸟成为大神，不过，这与我们的现实生活似乎没什么关联。做自媒体所得到的反馈却有些不同，刚开始，仅有一点点阅读量，为数不多的几个赞，但还是让自己有些兴奋，思索着如何才能更进一步；突然有一次，某篇文章或某个视频小火了一把，不少读者纷纷前来点赞、留言，仿佛给自己打了次鸡血，感觉我还行，能搞出点东西；再后来，终于有了一批忠实的粉丝，写什么都会有读者跟进，或评论，或转发，甚至时不时能有些收益，虽然不多；现在，我还算不上大V，但也有了那么一点点影响力，收益也涨了上来，与不少大品牌都有过合作，并出了自己的第一本书，面对不确定的未来，慢慢有了一分底气。在这个过程中，我的精力并非一个固定不变的水池，用去多少就减少多少，而是付出一部分却收获更多，所以，我分配更多的精力进来，再随着正向反馈的增加，精力越来越旺盛。

以上，即是我精力管理的秘诀。

4.3 酋长教你自控管理

从事自媒体写作，是这个时代最好的赚钱方式之一。

相较于部分专业性很强的工作，自媒体写作的门槛并不高。普通人，通过一定的训练和知识积累，都可以参与。

当然，难点还是有的。对于许多"一腔热血"想要做好自媒体的朋友来说，他们最大的困难之一，在于如何做好"自控管理"，毕竟写作是一项枯燥且漫长的工作。

在碎片化的短视频时代，外界有太多干扰影响你的专注力。如果我们不能做到专注，那么写文章也就无从谈起。

作为一名在自媒体圈深耕多年的老兵，今天我将分享给你4个专注写作的技巧，帮助你避免分心和拖延。

4.3.1　远离手机干扰

科学研究表明，全球只有2.5%的人是多任务者，也就是我们常说的一心多用者。

大部分人的大脑，只能在单一时段重点处理好一件事情。何况，写作本身就是一件费时费力，需要保持专注的工作。

根据我的观察，很多人之所以半天写不出内容，是因为注意力全被外界吸引走了。一会儿刷刷短视频，一会儿群聊冲浪，一会儿逛逛淘宝。时间不知不觉间，就溜走了。

这样的习惯，不利于我们的创作。一心多用，不仅降低了工作效率，还会把我们的写作节奏切得很碎。

分享一下我的做法吧！在每次写作前，我会关掉一切社交媒体，然后把手机拿去充电。当写作正式开始后，除了紧急电话，其他信息一律不管。

其实大多数人，并没有那么多要事需要处理，等到一篇文章完成，或者一个阶段结束后，再打开手机，也不会错过什么大事。

长此以往，你就能屏蔽外界的干扰，给自己创造一个高效的写作环境。

4.3.2　利用碎片时间

经常听到身边有朋友抱怨，说自己工作太忙，没有时间。或每天下班的时间太晚了，到家还要做饭、哄娃。哪有时间写作啊？

在我看来，这样的说法不能说完全错误，但其实是有方法解决的。

借用鲁迅先生的一句话："时间就像海绵里的水，只要愿意挤，总还是有的。"

在这里，我要和大家强调一个概念，写作并不是一项需要沐浴更衣、正襟危坐，才能进行的事情。

许多人之所以无从下笔，是因为内心把写作看得过于神圣。认为必须给自己创造一个"无菌"的环境，甚至洗完澡、点杯咖啡才能进行。

事实上，写作可以在任何时候、任何地点进行。

比如，我们可以在外出旅游的时候，看到任何有趣的事情，听到某个耳目一新的观点，就快速地用手机备忘录记录下来。速记时，句子不要求工整优美，表述清晰即可。等到有时间了，再将这些句子进行扩写，这样就省下了构思的时间。

另外，我们也可以在通勤的地铁上写作，可以在咖啡厅、图书馆等任何你觉得舒服的地方写作，甚至，如果你觉得打字太累，现在的科技也是完全支持语音输入的。对于碎片化时间的利用，将大大提升我们的写作效率。

试想一下，如果每天都能利用半小时的碎片时间写作，那么一周就能节省出3.5个小时，一个月就能节省出15个小时，一年则是惊人的182.5个小时。

现在，你还会觉得自己没时间写作吗？

4.3.3　先完成再完美

许多人写作，总是幻想能够像少年天才王勃那样，一口气写出《滕王阁序》。

这无疑是很难的事情。事实上，不要说我们，你让王勃换个时间、换个地点，再写一篇《滕王阁序》，他自己估计都做不到。

因为一篇完美的作品=作者的知识储备+写作技巧+转瞬即逝的灵感。我们不能指望灵感永远眷顾自己。

正因如此，是时候抛弃"完美主义"了！比起完美，完成才是人们写作的常态。

这里，同样分享一下我个人的写作技巧吧。写作前先列提纲，厘清大致思路。然后根据提纲填充内容。等于造房子我们先打好地基,再填土砌墙。此时的文章差不多可以打个60分。

我们可以秉持贾岛"两句三年得"的精神,对文章精雕细琢,涂涂改改。一般经过3遍左右的修改,一篇80分以上的文章就出来了。

4.3.4 注意劳逸结合

"完美主义"的另一个后果,就是许多人在写作时太追求一气呵成,一口气吃成胖子。

在书房一坐就是三四个小时。这样既劳神费力,又效率不高。

周岭老师在《认知觉醒》中的一句话,我深以为然,分享给各位:

只要到达了自己的疲劳边缘,就可以主动停下来。而且这个"主动停止"的动作一定要坚决。很多人在一开始的时候,由于精力分散得还不明显,就不愿意主动停下来,但这往往会得不偿失。

因为休息不充分,脑袋一直是超负荷运转的,注意力没办法集中,是很难创作出好的作品的。

所以与其硬磨,不如给自己一点时间,放松一下,充充电。

我个人建议大家选择冥想、瑜伽、运动等手段进行"劳逸结合"。如果休息时间打游戏、看短视频,大脑容易兴奋,实际上并没有得到休息。

另外,需要强调的是,由于每个人的"生物钟"不同,你可以尝试在不同的时间段写作,最终找到那个自己最喜欢、状态最好的时段。

我个人比较倾向于早上起床或午休结束,作为集中写作的时间,因为经过了充分休息的大脑是"满血状态"。

当然也有人喜欢夜深人静的时候写作,这个因人而异,只要自己感觉合适就可以。

4.4 芝麻酱教你膳食管理

很多人一看我是营养师,就以为我每天都只吃健康食品,不会去碰一些所谓的"垃圾食品"。其实我吃得也没那么严苛,我的知乎签名是"这个营养师天天喝奶茶",想表达的就是我不是一个在饮食上追求完美的人,我也有自己偏好的食物,也常常因为嘴馋而牺牲一部分健康。当然,奶茶也不一定都不健康,比如不加糖,并且使用纯牛奶制作的奶茶就很健康,完全可以经常喝。

我向来提倡在膳食上要有全局观,综合管理自己的膳食,抓大放小,在健康和快乐两个方面找到自己舒适的平衡。我平时也偶尔吃炸鸡、蛋糕等不太健康的食物,但我整体的膳食可以说比大部分人健康,而且做到相对均衡的膳食对我来说已经是一种习惯了,我不需要费劲就能维持下去。

如果对自己的膳食过分严格,对大多数人来说不仅很难坚持,还容易钻牛角尖,过于在乎小细节,占用过多的精力,可能会踩进更大的饮食误区,捡了芝麻丢了西瓜。

比如,很多人对食品添加剂过度恐惧,热衷于研究一个食品有没有防腐剂、色素等添加剂,但他日常膳食中很可能存在油盐糖摄入过多、钙摄入不足、蔬菜摄入不足这种常见的膳食缺陷。

对于这种情况,把精力放在改善一些大的膳食缺陷上,比过度恐惧食品添加剂,健康收益要高得多。

可惜很多人没有这个全局观,总是今天看一个热搜就关注一下这方面,明天又学到一个新概念又关注一下那方面,这样做效率实在太低。

所以,我建议大家稍微花点时间,系统地学习一下营养学知识,这对于自己的健康及家庭其他成员的健康都意义重大,可以说是一笔非常划算的投资。

通过什么途径可以系统地自学营养学知识呢?可以去买一本《中国居民膳食指南》,这是中国营养学会编著的,看完这本书,你对应该怎么吃就有一个较为全面的了解了。

我在这里也粗略给大家画一下重点,讲一下我的膳食管理核心理念。

4.4.1 三大宏量营养素怎么吃

我们人体的三大供能营养素是碳水化合物、脂肪、蛋白质,也被称为三大宏量营养素,一日三餐中这三者的摄入比例和种类,是均衡膳食的基础中的基础。

三大供能营养素应该怎么吃,是营养学最核心、最基础的内容。

1. 碳水怎么吃

先确定碳水的摄入量,应该占每日总能量的50%左右,太高或太低都不好,网上流传的低碳水、甚至不吃碳水是不科学的,三餐都应该有适当比例的碳水食物。

相比吃多少,更重要的是选择吃什么样的碳水。大多数人的问题不在于碳水的摄入比例过高,而在于碳水种类过于精细,比如主食选择精白米、白面做的粥粉面饭,而较少摄入全谷物和杂豆类的粗粮碳水。

这样做的问题是,当配菜搭配也不注意时,很容易出现整顿饭的升糖指数过高,粗粮中往往富含B族维生素和膳食纤维等营养素,比白米白面的营养更为全面,如果只吃白米、白面,就可能缺乏这些营养素。

解决办法如下:

①多吃粗粮,如全谷物、杂豆、薯类等,这些粗粮的占比要在主食的三分之一或一半左右。

②如果只有白米饭、白馒头等精细主食,配菜就要丰富,追求菜多饭少,混合食用,以控制碳水的总量和整体的升糖指数(见图4-1)。

图4-1 菜多饭少,混合食用

2. 脂肪怎么吃

脂肪摄入量，占比不超过每日总能量的30%，更具体一点，烹饪用油每人每天最好不超过25克。

很多人在意食用植物油更好还是动物油更好这个问题，日常烹饪用油还是建议以植物油为主，可以轮换吃各种植物油或吃混合油，由于我国居民吃猪肉的频率很高，从食物中摄入的饱和脂肪很容易超量，需要控制动物油脂的摄入量。当然，植物油也不是就不需要控制了，二者都不能多吃。如果吃畜肉，尤其是猪肉的频率高，饱和脂肪的摄入量很容易超标（见图4-2）。

图4-2 吃畜肉，饱和脂肪的摄入量容易超标

3. 蛋白质怎么吃

蛋白质吃多少合适？简便的算法是每公斤体重大约1克蛋白质，建议一半以上的蛋白质是优质蛋白质，也就是来自肉蛋奶和大豆的蛋白质。

每100克肉类含蛋白质20～30克（根据肥瘦有所不同），每100克鸡蛋大约含蛋白质13克，每100克纯牛奶大约含蛋白质3克。

另外，也不要忽视我们每天吃的主食，谷物里也含有蛋白质，虽然含量不算高，但因为我们每天吃主食的分量比较大，所以这部分蛋白质算下来也很可观。

煮熟后的白米饭，每100克大约含蛋白质2.6克，每100克馒头大约含蛋白质7克（根据水分有所不同），不过这些蛋白质都属于不完全蛋白质，质量不太好，但我们还会吃不同种类的食物，最终各种氨基酸会通过协同作用进行重新组合，一起被人体吸收。

4.4.2 食物多样化

除了注意三大宏量营养素，均衡膳食还有一个重要原则，就是食物多样化，简单来说，食物多样化就是指在饮食中摄入多种不同种类的食物，通过丰富多样的食物选择，我们可以摄取到各种营养成分，满足身体对于能量和各种营养素的需求。

中国营养学会对于食物多样化的量化建议是——每天吃12种以上食物，每周吃25种以上食物。油盐酱醋等调料不包括在内。

每天12种以上食物还要做到荤素搭配，涵盖的食物种类要包括谷物、蔬菜、水果、肉类、豆类、坚果和种子等。

不能说我今天吃一个八宝粥，里面有8种不同的谷物和豆类，就算8种食物了，其实它们都是碳水类食物。

食物多样化的食物品种跨度越大越好，短时间内重复的食物品种越少越好。举个例子，按照我平时的习惯，如果在早餐吃了鸡蛋，那么午餐和晚餐我就不会主动选择鸡蛋类的菜品了。

短时间内减少重复的食物，就给多样化留出了空间。

如果在家做饭，尽量每样菜的分量少做一点，多做几个菜。如果觉得多炒几个菜比较麻烦，那么就在同一个菜里通过食材替换法，把原本一种食材替换增加到两三种。

比如一道青椒炒肉丝，普通的食材只有青椒和肉丝，如果把青椒替换成青椒、胡萝卜丝、木耳丝，味道也很不错。

当然了，这要求我们做菜时不必总按照常规来搭配，还要求有一定的饮食搭配经验，知道增加哪些食材不会出现奇怪的味道。

如果在外面吃饭，那我们可以选择小份菜、多样化的餐饮形式，比如最近市面上很流行的"称重快餐"，几十个菜任选，按重量来结算，这就非常容易做到食物多样化。也可以选择"小碗菜""半份菜""双拼/三拼"等形式。实在不行，还可以多找几个饭搭子，可以跟同事一起拼饭，多吃几道菜的同时顺便社交。

4.5　小旋教你心态管理

　　但凡涉及挣钱的事物，都会让人产生焦虑，如职场上人际交往的焦虑、业绩的焦虑、做自媒体的创作焦虑和流量焦虑等。这些焦虑无处不在，就看你更擅长面对什么样的焦虑。

　　但神奇的是，许多人对自媒体的印象都是入门简单，时间自由，没有老板压榨。实际情况却是，入门简单代表厮杀严重，什么人都有；时间自由代表你的每一分钟都可以是工作时间；没有老板压榨代表你需要极强的自控力来进行自我压榨。

　　新人入行自媒体的第一个焦虑，往往来源于此。想要解决这个焦虑，就要摆正心态。赚钱永远都不是一个简单的活计，就算有入门简单的蓝海，也会迅速被无数人占领，卷成没点实力就会被迫退出的红海。你想要简单轻松赚大钱，只会被割韭菜。

　　现在还能靠自媒体赚钱的，一个是本身就有非常强大的创造力，一个是他在另外一个行业里已经做成了精英，只是通过自媒体将其无限放大传播，吸引对这个行业感兴趣的人。当然，如果你觉得自己暂时身无长处，不知道有什么东西可以拿得出手的，也不要焦虑，自媒体是一个放大器，会将创作者身上的特性无限放大。你可以借由它的力量，探寻你的内心，坚持做下去就会察觉到你身上还未曾发掘的闪光点。

　　第二个焦虑，来自网友。网友是一群神奇的存在，他们拥有敏锐的洞察力，丰富的知识量。在新人入场时，能一眼看出新人身上的缺点和闪光点，并留下自己的看法。但他们又是复杂的，无数不同角度的分析，哪一种都好像是正确的，让新人不知道该听谁的，或者过度听话失去自我，从而感到焦虑。

　　正如达尔文所说："那些能存活下来的物种，从来都不是那些最强壮，也不是最聪明的，而是那些最能适应环境，对变化做出快速反应的。"但那些活下来的物种，有人、有猫、有狗、有大象，他们就算适应自然环境活了下来，也未曾抛弃自己的物种基因。人存活下来的方法，不一定适用于鸟。我们需要拥有自己的辨别力，在繁杂的信息里提取出适合自己的建议，并加以改正。当然，就算是一开始辨别不出来也没有关系，多摔几次就会了，我们要允许自己，有试错的权利。

网友带来的焦虑，不止于此，还有谩骂。我记得我还未成为作者前，围观过一次互联网骂战，有几个黑粉追着一名作者骂了许久，其间有无数粉丝一直鼓励着她，支持着她。后来作者还是承受不住压力，直接封笔。

我十分伤心，便想等我成为作者，有许多粉丝的时候，必定不会为了那么几声谩骂，忽视了粉丝们的爱。当然，有些骂，是因内容本身。新人入行自媒体后，不免会听到有人说，最快的涨粉方法，便是去骂大博主，吸引那大博主的黑粉。但马克思曾经说过："人创造环境，同样环境也创造人。"我始终记得一个朋友曾对我说过："我的这个笔名虽然不是真名，但它代表了我，我便要为它负责，它的一切荣辱皆属于我。"

愿大家不忘初心，都能在自媒体的道路上，找到自己。

第 5 章

副业规划：
副业主业如何相辅相成

5.1　Dr老爸：从自己的优势出发去规划副业

　　副业这玩意儿，相信不少人都在考虑，毕竟，多一项收入来源就多了一份保障，特别是在这个经济前景不明朗的时期。我是做医生的，在大家心里，这应该算非常稳定的职业了吧？不过，或许是个性使然，也可能是从小生活于艰苦的环境中，我骨子里的忧患意识总是挥之不去，杞人忧天、未雨绸缪早已深入骨髓。前些年，手上有了一点小小的积蓄，看到身边有位朋友盘了间小店，经营家居服饰，自己当甩手掌柜，似乎不错，于是也跃跃欲试，想要照葫芦画瓢，跟着来。可深入了解市场行情，并与这位朋友反复攀谈后才发现，这生意可真不好做！干一项副业是我们的美好愿景，可惜作为普通人、外来者，进入自己未知的领域，摸不清水深水浅，很可能一头栽进去，血本无归。

　　所以，我建议大家不要心急、不要盲从，最好从自己的优势出发，从熟悉的领域开始去规划副业。

　　肯定会有人说，你是当医生的，手里有技术，才能站着说话不腰疼，我熟悉的领域就是哄孩子睡觉、给他换尿不湿，这算什么熟悉的领域？

第5章 副业规划：副业主业如何相辅相成

怎么做成副业？

别急，听我慢慢说。确实，每个人的情况不一样，我无法为别人做出合理的规划，但是，从我个人实实在在的经历出发，给大家看看，我是如何一步一步走到今天的，我在副业的道路上遇到了哪些瓶颈与挫折，又如何在山重水复中进入柳暗花明，从这些真实的故事里，或许你能受到一些启发。

确实，作为医生，我算得上是有一门手艺，说得高大上些，叫作有一技之长。可是，这个所谓的一技之长能够用在什么地方呢？在医院上班，为病人排忧解难，这的确是体现我能力与价值之所在，但是，这叫主业，不是副业。主业的道路是能够一眼看到头的，从一名毛头小医生到有些经验的资深大夫，再成为老医生、老专家，不过如此吧。看看医院里的老医生们，一辈子勤勤恳恳、兢兢业业，就算最后功德圆满，混成个某某专家、某某教授，也还是要应付各种无聊的规章，面对一堆毫无意义的案牍，被一群外行的后勤人员指指点点，长期绷起的弦得不到丝毫放松，想想都可怕。所以，我也一直在考虑，自己能不能做点副业？我还具有哪些特长可以挖掘？

互联网的发展给了我一个机会。5年前，刷手机时无意之间看到一篇医学科普文，老实说，写得不咋样，但评论区里仍然热火朝天，我想，这样的东西，我也能写啊，而且能比这篇文章写得更好。于是，我搜了搜其他的公众号，发现不少都在有偿征文。于是，我找了一家出价最高的，当然也与我的医学科普领域相关的公众号，利用两天时间，查阅资料、构思并写出一篇关于儿童学习障碍的文章，投了过去。没想到的是，第二天，该公众号编辑就联系上我，表示愿意征用这篇文章，并给了2000元的稿费。

一道门仿佛已向我打开，这条路，我应该能走！

不过，该怎么走呢？最简单的路径当然是继续这样做，再写一篇，又投出去。如果每周写一篇，一个月就是8000的额外收入，还是挺不错的。于是，我再接再厉，又写出了一篇，同样投了出去。可惜，这一篇文章如石沉大海，连续投了几个号都没有回应。看来，弃医从文、卖文为生还真不容易，怎么办？就此放弃吗？

不！换个思路，继续上路。既然别人不收，我就自己开个号，自己写、自己发。现在要解决的问题是：第一，写什么？方向怎么定？第二，能坚持下去吗？会不会写了几篇即江郎才尽？第三，如何赢利？

分别解决这些问题：第一，作为儿科医生，我最擅长的是儿科医学知识，对此，家长们的误区可不少！相关的科普是家长们非常关心的内容，也是我了如指掌的领域，就从这里着手！第二，我能坚持下去吗？不试试怎么知道呢？给自己定个目标，每周完成两篇。但是，会不会写着写着就没有话题可写了呢？当时我还真不知道，心里面没底，不过，能怎么办呢？要不就放弃，要不就勇往直前，反正也没有什么损失是不是？虽然花费了一些时间与精力，就当我用来钻研业务了嘛。第三，关于盈利，是的，一开始我就考虑到了赚钱这事儿，并不像有些人所自称的，是完全为了服务大众而写作。可是，该怎么赚钱，我不知道，我知道的是，既然别人可以花钱买文章，那这条路一定是可以赚钱的，没人会傻乎乎地赔本赚吆喝，至于怎么去赚，先不急，做起来再说。要做起来，最关键的是写出来的东西有没有人看？有没有读者关注我？

在公众号上坚持了一年，并没有像之前担心的那样，写几篇文章后就找不到题材可写，而是越写越熟练、越写越能发现可写的题材。可是，阅读量却不尽如人意，起起伏伏，只不过，总的来说是在增长，虽然很慢；每天都有读者关注我，有时一天几十个，有时几个，不温不火的。我也绞尽脑汁，怎么才能让我的阅读量与关注量提升起来呢？网上能搜到的各种方法，也逐一试过，几乎都没什么效果。不过，有一种方法，是站外引流，也就是说，将自己写的东西拿到其他平台发一发，却收到了意想不到的结果。

我分发的平台中，有一个叫作知乎的，或许作为知识类平台，其读者群体与我写的内容相契合，我在上面发出的帖子迅速火了几篇，粉丝量也增长很快，甚至超过了公众号。所谓无心插柳柳成荫，也就是如此吧。有一天,知乎上某机构联系上我,问我能不能提供一篇有偿的文章,是关于儿童维生素摄入问题的医学指南解读,并询问我报价多少。说实话,我也不了解行情,不知道自己脑子里的知识到底值几个铜板,于是,问了问在知乎上认识的一位前辈大咖,这哥们说,大胆报,咱的专业知识又不是天上掉下来的,可不能贱卖了!不过,我还是有些谨小慎微,小心翼翼给出了数千元的价位,没想到,对方一口答应,并对我说:"以后还要和老师多多合作哦。"这算是我持续盈利的开始。

回头看看走过的路,一开始,似乎是个偶然,然后,持续投入努力,却长时间看不到进展,山重水复之中,于不经意间进入旁边的赛道,不曾料到,这里竟是柳暗花明又一村。刚开始,只想获取一份主业之外的收入,有点算点嘛,万一还能超过主业收入我就心满意足了;慢慢地,不知从何时起,收益节节攀升,发现自己还是有那么一点点价值,心里的小小虚荣心也有些满足。早期对自己副业的愿景早已实现,下一步的目标虽然看起来仍遥遥无期,但已经历过长时间的冷板凳,让我学会了坚持与忍耐,我相信,只要做好准备、找准方向,往前走,一直走,总还有"又一村"在前面等着我。

不知大家有没有听说过"一万小时理论"的说法,意思是,对于某件事,只要你坚持做一万小时,就能成为这个领域的专家。在医学领域,我的付出远远不止一万小时,但在自媒体方面,我花的总时间并不多,离一万小时还差得远,所以还称不上专家,但也有了一点点收获。我认为,能获得这一点点收获,原因在于我走了捷径,从自己熟悉的领域入手,所以能少走些弯路。那么,各位,你的捷径在哪里呢?

举些例子吧,都是我做自媒体后认识的朋友,一位全职妈妈,因为爱与孩子进行亲子阅读,所以热衷于研究绘本,最后竟成为童书绘本领域的专家;一名大学学习珠宝专业的姐姐,依靠分享珠宝知识成了大咖;甚至,还有一位从事家装行业的年轻小伙,依靠自己对于各种板材的熟知,正好迎合了大众对于健康家居的需求,也靠分享自己的知识而异军突起。条条大路通罗马,只是,你找到了适合自己的那条路没?

5.2 李如春：副业可以从专业、兴趣中寻找

做自媒体最好是从自己的专业、兴趣入手，做起来比较顺手，不容易厌倦，选题会更恰当，内容方面也经得起推敲。比如我是学音乐的，那就做音乐方向的内容。选题是不是有价值？能不能引起受众兴趣？观点、材料会不会被挑出毛病？这些问题都可以通过自己的专业素养与知识解决，而不需要花费更多的时间、精力去研究。就像知乎上我的有些回答被成千上万的网友挑眼，但我不为所动，因为我有强大的专业背景，知道自己的答案经得起推敲，所以绝不会受评论的影响，反而最终得到网友的肯定：很多网友经过多年的学习后最终认识到自己评论的错误，回过头来又专门认错、道歉。

如果我要做摄影、反诈、电气焊、挖掘机等非我专业的领域，就没有这么强大的自信了。

"佛山电翰"最近在网络上爆红，他的甩手动作出现人传人的现象，在网络上引发了全民模仿热潮。这与他本人就是做电焊工作有重要关系。他从事直播行业已经有3年了。他在直播间中展示的是他在佛山一家普通工厂车间打螺丝的工作环境。他和工厂的小伙伴一起拍摄短视频，一边工作一边直播。他的走红与外貌酷似张翰有关，与仪式感强、极具个性的甩手动作有关，与充满激情与动感的BGM也有关。但更重要的是，他的直播内容就是自己的工作，给人有真实性的印象，有可信度，吸引了众多网友的目光。

再看一个例子，早些时候陈国平在某直播平台与主播连线，宣传反诈火上热搜，他宣传反诈为什么能上热搜？主要原因是他原来就是一位民警，从事过打击电信诈骗工作，包括侦破案件和预防诈骗，有较丰富的反诈经验，这个专业背景非常值得信赖，正是这个专业背景助力他成为网红。

李子柒是出了名的网红。她做美食内容似乎并无强大的专业背景，但她想办法解决了这个问题。有一次李子柒为了拍摄短视频《兰州牛肉

面》，特意前往兰州，拜师学习了一个月的拉面手艺，这个背景就使得作品内容在专业性上经得起推敲。最终，该视频的全网播放量突破了5000万，点赞超过60万。可以说这个成绩的取得与一个月拉面手艺的学习是分不开的。

现在的自媒体大多是以原创内容为核心的，在不了解自己适合做什么方向的时候，首先你要考虑自己的兴趣爱好。为什么呢？因为做自媒体时间长了，你会发现，这个工作和其他工作差不多，做久了就会变得枯燥乏味，有好多重复、单调的事务性工作，如果你选择的赛道是自己不感兴趣的，那做起来就更加痛苦、困难了。

只有选择的是自己有兴趣的、喜欢的赛道，你才可以一心一意地投入自媒体的创作中，并且能自得其乐、不知疲倦。

5.3　酋长：工作、副业和事业的关系

如果工资就是你每个月唯一的收入，那么一旦不幸失业或是遭遇金融危机，你将会变得非常被动。

打工人如何摆脱自己对于本职工作的"高度依赖"呢？答案是，开发一个适合自己的副业，和主业相辅相成。

根据猎聘发布的《后疫情时代职场人生存状况白皮书》显示，有78.15%的职场人想要发展副业，4.44%的职场人已拥有了副业，只有17.41%的职场人暂时没有开展副业的想法。

也就是说，现如今，"副业"已成为多数职场人的一种刚需。

为了能帮大家在找寻副业的路上少走弯路，今天我将分享一些找副业方面的干货与经验。大家可以根据自身情况，选择最适合自己的副业。

我分享的这个模型叫"三圈模型"（如下图所示），出自管理学大师吉姆·柯林斯的著作《从优秀到卓越》。

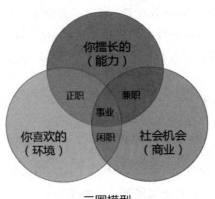

三圈模型

据说,吉姆·柯林斯最初发明这个模型,是为了研究企业是如何从平庸走向卓越的。

但这个模型同样也适用于个体。其实,我们每个人都是一家公司,你的人生轨迹就是经营这家公司的轨迹。一个人从平庸到卓越,关键在于如何选择自己的主营业务与副业。

不用着急!在说出答案前,你不妨先拿出一张白纸,问自己3个问题:

- 我的特长是什么?
- 我的热爱是什么?
- 我的机会是什么?

这3个问题,就组成了我们个人的"三圈模型"。

下面我将围绕这3个问题,为你详细解答。

5.3.1 找到你擅长的事情

找到你擅长的事情,比如创意、写作、语言、逻辑推理、沟通表达等。

这个能力未必是你喜欢的,但一定是你擅长的。能力代表了一个人的天赋,作为职业会很轻松,尽管你内心并不一定真正热爱它。

以我自己为例,我的能力是写作技能。而这项能力,建立在阅读+语感两方面结合之上。

语感来源于天赋，是一种描述事物时做出最为准确表达的能力。而阅读，来源于日常的积累。我从小就爱看书，并且类型广泛，文学、历史、艺术、经济、科幻的书我都爱看。所以长此以往，积累了不错的知识储备。

阅读+语感，就构成了我在写作上的能力。

这样的公式，你也可以在自己身上运用，去挖掘自己擅长的事情。

比如我的一位朋友，平时看起来文文静静的，结果第一次玩滑雪，仅用了20分钟，就能在雪场上写意驰骋，惊艳了我们所有人。

而她此前，甚至没有接触过这项运动。抛开极强的学习能力外，她在滑雪这件事上确实有着一定的天赋。

别人学3天才能学会的运动，她花20分钟就能搞定，这就是擅长的事情。

5.3.2 找到你热爱的事情

找到你热爱的事情，比如旅游、健身、滑板、舞蹈等。

前几年，有句话很流行，叫作"热爱可抵岁月漫长"，意思是人在做自己喜欢的事情时，往往更加投入，并且不会叫苦叫累，而是乐在其中。

著名篮球球星科比，被认为是NBA中最勤奋的球员。为了成功，科比给自己制订了一个详细的计划，比如每餐摄入的营养和卡路里标准；比如每天自己需要练多少个投篮、多少组力量训练等。

不同于一些人"光说不练"，或者练了一段时间就在困难面前放弃了。科比一直坚持了下来，并且这一坚持就是19年。

洛杉矶凌晨4点，见证了科比无数个日夜的挥汗如雨。这份历史级的勤奋，也最终为他换回了5个总冠军和历史第二分卫的美誉。

这就是热爱的力量。

还是以我自己为例，我从小就跟随父亲一起观看体育比赛。在父亲的培养下，耳濡目染也成了一位体育迷。对我来说，体育运动的魅力在于它的纯粹。于是从少时起，我的梦想就是成为一名媒体人。

因为热爱，我从学生时代开始就购买了大量的体育报刊，阅读专栏文章，观看无数的比赛。

不同于大多数球迷，我并不满足于做一个"旁观者"，而是习惯于看完比赛写点什么，记录自己当时最真实的感受。

后来，我成了知乎篮球&足球板块的双料优秀回答者，进了上海电视台，甚至还和偶像颜强、黄健翔老师一起直播聊球。

再遥远的目标，也经不起执着地坚持（纪伯伦语）。这就是热爱的力量。

5.3.3 发现你的商业机会

发现你的商业机会，比如情感咨询、职业规划、金融理财、做自媒体等。

雷军曾说过"在风口上，猪都能被吹上天"。

随着时代的变迁，诞生了许多新的职业和商业机会。

比如自媒体大V、UP主、脱口秀演员、嘻哈歌手。这些职业，在过去也许根本不存在，或者说收入平平，影响力很有限。

但是在当今社会，互联网为志同道合的人们架起了一座桥梁。网络有可能使我们一夜成名，甚至出现副业收入大于主业收入的情况。我相信，这是所有打工人理想的图景。

所以，发现商业机会极为重要。

仍旧以我自己为例，我在2017年开始做自媒体。当时身边有位小伙伴，就向我推荐了"知乎"这个平台。

知乎对于自己的定位是中文互联网高质量的问答社区。因此相比一般平台，它更重视文字和知识的力量。知乎的用户画像以高学历、高知人士居多，对于细分领域的专业内容，他们有耐心读完，也能够跟作者就观点进行交流与碰撞。

那会儿我刚去上海电视台实习，在体育部门做传媒工作。加上我本身又是个资深体育迷，热爱碰上职业，天时、地利、人和皆备，那么我在自媒体上写体育方面的文章，也算是某种意义上的"专业对口"。

于是，我当即决定去知乎发表文章，这也是我最早认真做自媒体的一个开始。

时至今日，我在知乎拥有近7万粉丝，简单的一个回答就能拥有10万+的阅读量。而自媒体作为我的副业，世界杯期间一个月就为我贡献了3倍于主业的收入。而这一切都源自当年发现的"商业机会"。

试想一下，如果没有互联网，我的文章很可能就不会被别人看到。而如果，我当初选择的平台不是知乎，我会成功吗？

也许会？也许不会。但可以肯定的是过程一定会曲折很多。

因此，选择一个合适的"商业机会"很重要，它能帮助你规避很多坑，少走很多弯路。

最后简单做个总结："擅长"是你在这方面有天赋，做起来很轻松的事情，即便你内心并不热爱它。"热爱"是你自己喜欢，乐在其中，乐此不疲的事情。"机会"则是随着社会发展，所出现的新职业或是潜在的、适合自己的商业变现机遇。

现在，当你填完这个"三圈模型"后，我们就可以进一步对你的答案进行排列组合。

擅长＋热爱＝职业

擅长／热爱＋机会＝副业

擅长＋热爱＋机会＝事业

简单来说，你所擅长的又是自己热爱的事情，就非常适合作为职业。不仅自己做着不累，收入还比较可观。

在确定了职业后，我们可以多多观察身边潜在的商业机会，并且将其和自己的能力／热爱相结合。如果能成功结合的话，它就可以变成你的第二职业，以提升你的收入和抗风险能力。

而倘若你不管从哪项出发，最终三者都能同时满足的话，那么恭喜你，你很可能找到了自己的终身事业（人生愿景）。

我给你举一个发现人生愿景的例子。美国前总统克林顿，在16岁的时候就决定从政。他当然没有读过什么"三圈理论"。但是，根据他的回忆录记载，他当时的决策过程，同样也是画了3个圈。

克林顿当时一共考虑了3个职业选择，一是音乐，二是医学，三是政治。

他热爱音乐和医学。但是，他觉得自己在这两项上，都不能成为最顶尖的人才。

最后他认为，政治是自己最热爱也最擅长的事情，而且看起来也最有机会有所作为。

所以，他最终选择了政治。

在克林顿的故事里，政治正处在他的"三圈"最明显的交叉之处。

幸运的是，小克林顿在16岁那年，就确立了人生愿景，做一个政治家。后来他向着这个愿景一路前行，最终做到了一个美国人做政治家能够做到的最高位置——美国总统。

我们当然很难像克林顿一样幸运，早早地确立自己的终身事业。但我们完全可以行动起来，借用"三圈理论"找到最适合自己的主业和副业。

请记住，种一棵树，最好的时间是十年前，其次就是现在。

找到一份适合自己的副业，和主业相辅相成，不仅可以有效提升收入，还能提高你的抗风险能力，帮你摆脱对主业的高度依赖。

本文，献给每个正在的奋斗的、迷茫的打工人。

第 6 章

博主专访：KOL 是如何炼成的

6.1 "模仿帝陈挑战"陈海泳专访

佩弦：你读中学的时候有没有在校级或市级篮球比赛中获过奖？

陈海泳：我在初中校队的时候，初二拿过区的第二名，那时候就是队里的得分王了，很遗憾市赛没有取得好成绩。到了初三，所有人都很强的时候，没有比赛可打，不然是很有自信拿市冠军的，那时候我作为一个初中生，身体素质劲爆，上篮手指可以舔篮筐的。各种拉杆，左右手上篮，中场跳投……现在想想真的很强，那时候并不觉得自己多厉害，觉得自己就是井底之蛙。

到了高中，高一我就跟高三的搭配打了首发，但是，第一场市赛我就怯场了，只得2分。高二下学期去打年段的班赛，已经是降维打击的存在了，我读文科，文科班一个班级就五六个男生，我们就4个文科班组一队，那时候整个体育馆，两百多个文科班的女生都在喊我的名字，喊"MVP"，那时候就是我的篮球生涯巅峰了！

佩弦：你当时有没有跟体校或职业队有过交集？

陈海泳：可能我们那儿比较偏僻，我根本不知道体校是什么。那时候去校外跟一些老大哥打，他们跟我说过"你要好好练啊，会很有前途的。"我当时表面说好，但内心觉得"就我这一米八的臂展，还容易受伤的体质，怎么可能打得了CBA？"那时候眼界太小了，觉得打篮球至少要打到CBA才能赚钱。后面进了社会就基本放弃篮球了。

我重新拿起篮球是在厦门市，时隔好多年又开始举办村村联赛，我们村也报了名，我就很有热情地参加了，但是，还没开始正赛，就在一场热身赛中受伤报销了。

休息了很久，我们村也很争气，成功突围到区赛，我也终于在小组赛的最后一场比赛，带伤复出，首节手感爆棚，单节18分，但是，也因为太久没比赛，首节就4次犯规，不得不下场休息，直到最后几分钟才重新上场，还好队友给力，那场对手实力远远在我们之上，我们最终险胜。我兴奋得一夜睡不着，还买了烟花在村里的篮球场放，那场也是我们村小组赛唯一的一场胜利，有种突破历史的感觉。那之后我就开始重新燃起对篮球的热情。

佩弦： 你是怎么想到做短视频的？

陈海泳： 2017年的一次篮球比赛中，我的右肩严重脱臼，手术时装了5个螺丝固定，一直在家休息养伤。那次伤病，让我在家待了将近一年，养伤期间，我在网上看到"黑人模仿帝"布兰登·阿姆斯特朗的视频，当时就觉得他拍的视频很搞笑，而且人气非常火，我觉得我应该可以模仿得比他更像。当时就想着趁国内还没有人拍，我抓紧时间拍一下，可能模仿做不到最好，但起码先做国内第一人吧。

佩弦： 网友在你的视频下面留言："叫你模仿，没叫你超越。"你认为相比黑、白模仿帝，你超越的地方在哪里？你具体在哪些方面比国内的模仿者做得出色？

陈海泳： 相比黑、白模仿帝，我觉得我可能在模仿球星的投篮手型上会做得比较好吧，但他们可能更会抓住一些精髓。他们确实很厉害，毕竟能火遍全球，也可能是因为有团队帮忙吧。而我的话，除了摄影，其他一切都是自己做，选题、脚本、表演、剪辑、运营，甚至摄影师的走位建议，所以没办法做得很细致。然后你说国内其他模仿者，据我所知，应该就我一个人在做篮球模仿的视频。

佩弦：你拍视频大概多少天后接到广告（变现）的？

陈海泳：大概多少天？以天算的话应该得有1000天吧！我做视频前3年的收入不一定比工厂最普通的工人高，都不够支撑生活的。差不多第4年开始才慢慢把收入提上来，但也没有人们想象得那么好，更多的是自由，以及能在自己熟悉的生活环境工作，天天和父母一起吃饭，一起生活。

佩弦：你在什么时候自学的拍摄和剪辑？剪辑软件用的Pr还是剪映？最开始是用手机拍摄，对吗？

陈海泳：一直到现在都是用手机拍摄，没用过相机。一开始用的是爱剪辑，很不方便，很久之后才用的剪映。

6.2 "小旋呀"小旋专访

佩弦：你是哪一年开始下班后做自媒体的？动机是什么？

小旋：2019年12月。

当时就单纯觉得文字小说已经开始没落，视频更有市场和前景，但现在觉得这两者都有属于自己的市场，谁也替代不了谁。

佩弦：你在抖音近50万粉丝，你是怎么从零起步将抖音账号做起来的？

小旋：我一开始只做B站，原本没有扩展到其他平台的想法，但其他平台却有拉博主到自己平台的打算，所以，除了B站是我自己去的，其他平台都是他们的运营拉我进去的，平台直接邀请，不绑MCN的那种。

其实不仅是B站，只要在知名视频平台有一定的粉丝量，且账号经营良好，都会有被其他平台的运营邀请入驻的可能，从而得到一定金钱或流量上的扶持，我就是这么被邀请到抖音的。

当时的抖音直接给我们这些创作者发零门槛的dou+推广券，单张100元或是200元的数额不等，共计金额五六千吧。

我一开始的抖音账号就是靠这些dou+券做起来的，当然，最重要的前提是，你的抖音账号已经有一个明确的赛道，也有属于自己的风格，并能持续创作出较好的内容，否则投再多的dou+券也是无用功。

以下是我抖音起号的小技巧：

（1）一个新的抖音账号是没有任何标签属性的，只有连续发同类型的短视频，让大数据识别出你的账号类型，才会逐渐把你的账号推给爱看这些类型的人群，增加完播率和点赞率，dou+则会加速这个过程，让抖音快速识别你的账号属性。

（2）不是投的dou+越多，流量就越多，我们给一个质量、数据一般的视频投100元的dou+券，可能只能涨5000+的流量，但如果给一个质量、数据都很不错的视频投100元的dou+券，可能就会撬动百万级的流量。

所以，我一般都是正常发视频，如果有一个视频的数据比平时好，我就会投一个100元或68元的dou+券撬动流量，最多一个视频投入200元的dou+券，绝不多投。

内容才是最重要的，我认识不少抖音博主在没有任何扶持的情况下，只花了几百元便起号成功了。

（3）可以关注抖音平台的"dou+上热门""dou+小助手"等官方账号，看它们的视频教程和直播间，了解最新的起号小技巧。

（4）因为我几乎各大平台都有自己的账号，我能很明显地感觉出，虽然做博主很卷，但优质博主很缺，平台对于优质博主的扶持力度还是很大的。所以，与其想着靠砸钱把账号做起来，不如多钻研内容，从自己擅长的领域出发，去探寻自己的博主之路。

佩弦： 你写小说时掌握的代入感、反转、开头技巧，对你做短视频有哪些帮助？

小旋： 无论是小说还是视频，都需要有代入感，让读者沉浸其中。

虽然这两者的节奏有很大不同，但很多时候创作的核心技能都是共通的，只要在前期调整一段时间，都能把曾经的技能点直接嫁接到新的创作领域里。

也正是这个原因，我才能在做博主一个月后，就迅速找到属于自己的赛道，并持续不断地创作下去。

反转和开头技巧也都差不多，只是相对于文字小说来说，短视频的反转和开头的节奏会更快一点，最好开头第一句话便能抓住视频最重要的矛盾点，后续两三句话就要有一个反转。

佩弦： 你在视频的声音是用变声器做过处理的？是有意引起用户的吐槽吗？

小旋： 没有做过处理，一开始我也不知道我的声音竟然会成为我的特色。

在三次元里，很少会有人当面评价一个人的声音如何奇怪，但网上的人却十分直白和敏锐。

每一个人的特点，在三次元中不会被挖掘，但都会在网上被无限放大，不仅仅是我的声音，还有其他 UP 主的口头禅、肢体动作、神情表达，都会被网友精准地捕捉到，从而成为这些 UP 主的标志之一。

佩弦： 与写网文相比，把小说做成视频，在哪些方面能让你扬长避短？

小旋： 我本人脑洞大，思维跳跃，喜欢挑战未知，对新鲜事物抱有极大的热情，逻辑感不强，所以，不太擅长写太长的文章。

视频讲究的就是短平快，一篇做成视频的原创小短文也就四五千字，有时候才三千字，不需要作者有太强的逻辑，写完一篇，下一篇文章的题材又是新鲜的，刚好就很适合我。

最重要的是它周期短，这篇写得不好，也就耽误半个月的时间，让我能很快地捕捉到自己不足的地方，总结经验后，在下篇改正，或者能更快地印证我的一些想法是否符合市场，换血的速度非常迅速。

不像写小说，一般需要坚持更新两三个月的免费章节才能入V，入V后如果成绩不好，同时还想坚持完结，就需要消耗作者半年甚至一年的时间，付出与收入不成正比，这是一个非常痛苦的过程，毕竟我们的写作生涯有限，又有多少年能耽误呢？

佩弦：你的视频经常让用户做一些二选一，比如头像、火柴人设计，这样的好处是什么？

小旋：看看读者喜欢什么呀，而且我有选择困难症，直接给读者做选择，不仅可以让数据帮我无痛做决定，我也能更了解读者，一举多得。

佩弦：你动态里曾说"我高估自己了，写文案、弄音频、剪视频，有时候还要找CV，真不是3天就能干完的"，这都是你一条龙在做吗？

小旋：对的，一开始都是我一条龙在做，就算是现在，也不过是把剪辑部分外包了，文案、音频，还有火柴人的人设绘制，都还是我一个人在做。

也不是不想找人做，有段时间我一直很想成立工作室，收稿件请人剪辑，加快频道的更新速度。

但一个人写作久了，都有独属于自己的写作风格，我已经成型了，变成了我频道的特色之一，如果让别人投稿来写，我还要花精力去教他，还不一定能教成我的模样，教出来还会面临人才流失的风险，实在不太划算。

最重要的是，这个号就像我的孩子，如果发了别人投稿的作品，它还独属于我吗？在想到这个问题的时候，我心里还是有些恐慌的，甚至冒出了一个念头，就算我将来哪一天江郎才尽写不下去了，"小旋呀"这个号死也要死在我手里，它独属于我。

这可能算是我的一个局限性，以自身创作为第一位，而非商业价值为第一位,为此穷一点也是能接受的,毕竟事事不能两全,痛苦啊!

至于我画的火柴人还有我的声音,也是我频道的特色,随意更改犹如换了视频主角,完全就不是那个味道,根本外包不出去,它独属于我。

佩弦:你最喜欢自己塑造的哪个角色?这里面有你的投射吗?

小旋:我都挺喜欢的,只能说是印象深刻的有《腹黑丞相要不起》里的萧珩、《当反派拥有女主系统》里的反派、《这个徒弟有点怪》里的宋薄司,简而言之,就是我比较喜欢塑造稍微表里不一的男子。

投射的话,其实每篇文章的女主都有我的影子,写得多了感觉每一个女主性格都差不多,这也算是我的一个局限性。

佩弦:平时你都是如何收集素材的?

小旋:我素材一般都不是收集来的,而是在看小说和刷视频时无意中获得的。就比如说,我看一部小说,有时候就想着如果我是这个角色,我会怎么处理这件事,发散思维后,就会有很多奇奇怪怪的想法,我通常会把这些记录在备忘录里。

刷视频也是,有些是视频的内容引起了我的注意,有些是观众的留言引发了我的想象,这时候我一般都会复制那个视频的链接,截图观众的留言,存在备忘录里。

要是实在卡文写不出来,我通常会去逛知乎的小说频道,或者看知乎上"以一句话为开头写作"的话题,看看又有什么新提问,我有几个视频小说,就是直接用了里面的提问来续写。

佩弦:谈谈你的主业给你的自媒体副业带来的帮助?

小旋:如果主业是指我上班的话,那它们带给我的就只有规律的作息和固定的生活费。

我一开始写文章并不能很好地养活自己,但又想写,所以我的基本都是清闲钱少的工作,后来做自媒体也是这样。

如果主业是写小说的话,那对我的自媒体副业带来的帮助是巨大的。

我一直认为,写作到最后就是考验作者对人的理解,对自己的理解。

这些理解能让我根据市场反应,迅速将自己定位,并扬长避短,选择适合自己的方向。

同时,多年来的写作经验,让我很轻易地就能准确表达我的所思所想,我的想法和我的文字没有半分隔阂,也能迅速地分析出适合视频的文案节奏,做出相应调整。

特别是小说没有达到预期效果的那段苦日子,让我变得十分有耐心,就算视频账号进入了不怎么增长的平缓期,也能按捺住性子,等待将来的崛起。

因为我一直知道,只要将时间线拉长,当下的很多困难,不过只是小坑而已,都会过去的。

佩弦: 有哪些网文写作、编剧的工具书对你有所启发?

小旋: 《故事》《雪花写作法》这两本工具书写得还不错,我受益匪浅。

其实不仅是工具类的图书可以提升我们的写作能力,一些知名作家写的小说也可以培养我们的写作能力。

我一直认为看网络小说是为了取悦自己和了解网文市场,看传统小说是培养我们的写作能力,增长见识。

我们也可以去适当地看看传统小说作家的采访,有时候他们会在采访中提到一些写作心得,通常句式简练、一针见血。

比如余华老师曾说:"一个好的读者,才会是一个好的作家。"

当我听到这句话时,就瞬间想起了我以前学画画的时候,我的美术老师给我们讲过:"画画,必须眼高手低。"

就是眼界必定要比手高,能看出自己画的不足,觉得它十分难看,才能进步,如果手与眼持平,觉得自己画得不错,就要警惕,那不是你画得好,而是你眼界太低,多看名师的画作,把眼界提上去了,发现自己画画还有很多不足,才是正常的状态。

写小说也是这样,我们只有在一个很好的鉴赏水平下,才能写出好的作品来。当然,新手时期我们的手大概率并不能跟上我们的脑子,从而焦虑、自我怀疑，产生"我为什么会写得这么糟糕"的念头。

这是很正常的，在我长达12年的写作生涯里，我几乎大半都是这种状态，一边唾弃一边焦虑一边写，偶尔觉得自己写得不错的，过几个月回头看，发现还是垃圾。

永远都觉得自己的知识储备量是不足的，但就算如此，手也没有停下，输出和输入几乎同时进行。

因为我知道，实践才能成长，希望大家都能放下自己内心的不安，埋头去写。

名师的画技，虽然你暂时达不到，但作为一个目标存在，会让你有方向。

6.3 "小柯基呆萌萌"萌萌妈专访

佩弦： 你是怎么想到养柯基的？

萌萌妈： 其实跟很多人一样，我养狗的理由也是得了中度抑郁症。

程序员的工作并没有想象的那么光鲜亮丽，高工资的背后是长期的"996"和精神内耗，以及领导的打击。尤其对一个后端女开发来说，长期面临着一个小组里20多个人，只有我一个女生的问题。吃饭、玩耍，好像总是找不到同类，而每天要面对的是冰冷的电脑和写不完的代码，长此以往，我变得不爱说话，不爱笑了，变得甚至有些不合群，那个开朗乐观，对未来充满希望的我好像消失了，慢慢地我开始怀疑、否定自己，精神压力加上疲惫不堪的身体，终于把我压垮了。

我辞职了好长一段时间，每天把自己关在房间里，窗帘从不拉开，生怕那一抹刺眼的阳光照到我。直到那天，我老公说："要不我们养只小狗吧？"我不知道他当时是不是只是随口一说，还是看到我每天郁郁寡欢想养只小狗来陪我。于是我在网上看了很多犬舍，加了几家犬舍老板的微信，看了他们晒到朋友圈的小狗，但是一直没有找到一只自己喜欢的，而且一想到养狗那么麻烦，就怀疑像我这样的连自己都照顾不好的人，怎么能照顾好小狗呢？所以我渐渐放弃了养狗的念头。

过了大概两个月，有一天，我突然在朋友圈里看到一只小柯基，当时第一感觉就是，这只小柯基，长得白白净净、眉清目秀，一副楚楚可怜的小模样，不知道是不是它激起了我的保护欲，我立马跟老板询问了这只小柯基的情况，要了更多视频和照片，并立马发给老公看。遗憾的是，我们本来打算养一只小公狗，但是，这只小柯基是只小母狗（照顾起来可能会更麻烦），于是就暂时放弃了带它回家的想法。然而，又过了两天，有一天晚上，我失眠了，翻来覆去，脑海里一直是那只小柯基，不知道为什么，总觉得它很特别，忧郁的小眼神，怜人的小模样，那一刻我在心里暗想"就是你了"。

第二天一早，我立马给老板发了微信，还好，因为价格贵，跟它一窝的别的小柯基都卖出去了，就只有它还没卖出去，当时我就好像如获珍宝一样开心，庆幸它还在，立刻付了定金，当晚，小柯基就来到了我家，没错，它就是呆萌萌啦！

佩弦：下班后，你一般什么时间段准备视频？

萌萌妈：其实是没有具体的时间的，如果硬要说一个时间，一般情况是晚上8点到10点。

因为我跟老公平时上班都比较忙，所以，一般是在周末或晚上拍视频素材，周末会多花一些时间陪狗狗玩耍，顺便就会拍摄记录一些狗狗的可爱视频，等到工作日，晚上下班回来剪辑视频。

如果太忙或下班回家比较累了，就不拍摄剪辑了，这也是我更新慢的原因。其实一边上班一边做博主是很辛苦的，前一段时间我就因为工作忙，博主的事情也比较多，一下子累倒了，休息了大半个月才缓过来，所以，身体才是最重要的，身体好了才能做更多的事情。

佩弦：你和你老公是如何配合拍摄的？

萌萌妈：我和老公都很喜欢狗，一直想养一只狗，但是由于我之前的工作非常忙，比现在的工作忙好几倍（每天加班到晚上10点那种），根本没有精力养狗，也照顾不好狗狗，所以一直没养。直到我换了轻松的工作，遇见了呆萌萌，我们才决定把它带回家。

我的很多视频都是老公出镜，与其说配合拍摄，不如说是真情流露，他每天下班回来，第一件事儿就是抱着我家狗狗，看电视抱着，玩手机抱着，睡觉也抱着。他时常开玩笑说，以后有了自己的孩子可能都未必会像喜欢呆萌萌这种程度（不过谁知道他那时候会咋样呢？）。我家狗狗也非常喜欢我老公，干啥都要陪着，工作时陪着，玩游戏时陪着，就连上厕所也陪着，呆萌萌真的是个爸宝狗（当然它也很爱妈妈），所以，大部分的视频都是我觉得他俩的样子很友爱，就拍下来了。

当然也有一些视频是特意拍的段子，不过很幸运，我有一只乖巧的小狗，呆萌萌很聪明、很听话，平时也很配合拍视频，我有时候都怀疑它是不是知道我在给它拍视频，这也让我拍视频轻松了许多。有时候我和老公也会因为拍视频产生分歧，比如说，他总是不注意形象，油头垢面地出镜，我就会很生气。再比如说，我做好了一个视频，让他帮我想一个标题，他想的标题就特别不靠谱，我总埋怨他没有认真帮忙想。但是无论如何，我们都在慢慢成长，也都想做出更好的视频，给更多的人带来欢乐和治愈。

佩弦：谈谈你的第一个爆款作品？

萌萌妈：我家狗狗是2个月左右来到我们家的，因为卖家说狗狗刚到家的半个月是培养小狗性格的关键期，这段时间必须笼养，这样可以培养狗狗独立的性格，所以在它3个月大的时候我才开始把它从笼子里放出来，也是从那时候开始，我通过拍视频记录狗狗的成长。

起初我的初衷只是想记录下狗狗的成长，记得是一个周六的下午，我给小狗买的几件新衣服到了，我一边开心地给它试穿，一边拍视频。晚上，我无意中把视频发到了短视频平台，因为之前我发的视频播放量都比较低，所以，发完视频我也没多想就干别的去了。

直到第二天一早，我妹妹给我发消息："姐，呆萌萌火了，快去看你的快手账号（因为我最开始是发的快手平台）。"我睡眼惺忪地打开App，消息栏全部都是99+消息，视频点赞已经过万，粉丝也涨了快1000，我不禁瞪大眼睛，有些不知所措。

我清晰地记得，那两天时不时就要打开手机，看一眼又多了多少点赞，又涨了多少粉丝，开心地跟家人朋友分享，开心有这么多人喜欢我的小狗。但随之而来的也有焦虑，因为后来的几天我连续发了几条视频，浏览量都很低，这应该也是大多数人出了爆款之后的心情吧，所以凡事都有两面性，乐极就可能会生悲，我们要明白事情的发展规律，克制自己欲望的无限膨胀。

佩弦：在背景音乐和搞笑配音的选取上，你的经验有哪些？

萌萌妈：我们都知道，一个视频的构成，除了画面镜头，最重要的就是背景音乐，好的音乐能够引发观者的共鸣，更容易获得点赞。怎么选到合适的背景音乐？我这里有一点经验想分享给大家：

（1）背景音乐要根据我们视频的风格来选。比如我们的视频是搞笑的，那么我们就搭配搞笑的音乐；如果是可爱的，那我们可以选一些儿歌，或者是声音甜美可爱的歌手的歌；如果是记录vlog，我们需要选一些歌曲时长比较长（因为vlog视频一般比较长）、轻松欢快的歌。总之，选音乐一定是根据自己的视频风格来，选好了音乐，可以搭配上自己的视频，多看几遍视频感受一下，也可以多挑选一些音乐，让周围的朋友帮忙看看哪个更适合。

（2）确定好视频的风格之后，如何找到适合我们视频风格的背景音乐呢？对于我来说，我并不是在做视频的时候临时去找音乐，而是平时我听到好听的音乐，或者是比较符合我视频风格的音乐，抑或是未来我的某个视频可能会用到的音乐，我都会提前收藏起来，等到我做视频的时候，我首先是去我的音乐库里找适合的音乐，如果实在找不到，我才会去找别的音乐。所以说，我觉得积累在于平时，很多时候是音乐到用时方恨少，平时刷视频或者听音乐的时候，遇到适合的好听的音乐，都可以先收藏起来。

（3）还有一个经验，就是蹭热门音乐。这样平台会给视频分更多流量，也更容易出爆款，这也是为什么一个音乐火了之后，所有博主都要用这个音乐做视频的原因。学会蹭热门音乐是一个很重要的小技巧，但是，千万别为了蹭而蹭，还是要牢记第一点，适合自己的视频风格，否则只能是哗众取宠。

我想说，选出好的背景音乐的很多技巧需要我们亲自去实践，去积累经验，可以多看看别人的视频，也可以自己多尝试着做视频。随着视频时长的增加，有的视频，我们可能需要根据每段风格不同，用到好几个音乐。除了选好音乐，还有一些配音、音效等都可以增加视频的观赏性，这些都是需要我们慢慢去学习、去成长的。

佩弦：你做选题的思路是怎样的？

萌萌妈：说到选题思路，应该是所有博主最头疼的吧。相信大家刚开始拍视频的时候，都是有很多点子，很多灵感，但是随着视频拍得越来越多，该拍的也都拍了，很多人就会发愁，那接下来我拍什么啊？我也曾为这个烦恼过，有时候会觉得好像这个也拍过了，那个也拍过了，这个拍了也没意思，那个拍了估计大家也不喜欢，就会陷入一个旋涡，最后就觉得：好吧，我没东西拍了……

但是后来，我总结出来一个经验，那就是：拍！没错，就是随便拍。拍视频，你首先要拍，不要总想着我要拍什么，我要选什么样子的主题，想得越多反而会无从下手，而且小狗跟人不一样，不是你想怎么拍，它就会按照你的想法来拍。所以于我而言，我没事儿就会拿着手机对着它拍，有时候我比较忙，或者身体不舒服，我可能就拍得少，所以那时候就会更新得慢。言归正传，随着你经常拍，你会发现其实已经有很多视频可以用了，而且更惊讶的是，与此同时，我们还会产生更多的灵感，会发现这个也可以拍，那个也可以拍。拍视频就好像我们工作和学习一样，一段时间不拍可能会手生，经常拍反而会激发更多的想法。

当然了，如果实在没有想法了，我们可以去多看看别人的视频，从别人的视频中寻求灵感。还有，就是可以蹭热门话题，比如前一段时间很火的"摸狗的时候突然打它一下"，最近比较火的"萌宠多巴胺穿搭"

等。还有一些节日，比如"给狗狗过六一儿童节""春节带狗狗回家过年""中秋节给狗狗做月饼"等。

其实可以拍的主题还是很多的，只要我们有耐心，愿意花时间、花心思去拍，我相信总会拍出好视频的。

佩弦： 谈谈你第一次接广告的经历？目前变现方式有哪些？

萌萌妈： 最开始拍短视频的时候我从来没想过变现，就只是单纯地喜欢拍视频，在我养狗狗之前我就喜欢拍视频，因为我认为这是一种记录生活的方式。只不过那时候是拍我自己而已，后来养了狗狗，我就开始记录狗狗的成长，可能是因为它太可爱了，我总是忍不住逗它、拍它。

我还很清晰地记得，我的第一次广告费是500元。在那之前也有一些商家找到我，但是因为我当时粉丝少，找我的商家也都是小品牌，我自己没用过，也不知道产品到底好不好，毕竟是给狗狗吃的、用的东西，不了解的我不敢接，所以就都拒绝了。后来，随着粉丝量的增加，有一个大品牌的商家找到我（而且是我自己喜欢的品牌），说让帮忙推广一个产品，给我500元的广告费。我当时特别激动，第一时间就跟老公分享了，我们俩都非常开心，开心的不是这500元，而是觉得我们的小狗好厉害啊，都可以给自己挣狗粮钱了，老母亲、老父亲甚是欣慰，就这样呆萌萌赚到了它的第一桶金。

目前的变现方式，说实话还比较少。我主要的变现方式是品牌推广，因为平时工作比较忙，所以我接的广告也很少，之前其他博主就问过我："我看你怎么都不咋接推广？"完全没接那倒不是，遇到好的产品，并且适合我们视频风格的，价格也合理的，我也会偶尔接一接，基本一个月最多一条推广。除了接广告，我偶尔会挂车，这个频率就更低了，我目前拍摄的挂车的视频应该都不超过5个。还有就是官方会给一些激励金，只要拍视频基本就会给，但是给得不多。不过拍视频本来就是爱好，还能顺便赚点小钱，我已经很知足啦。

最后说一个有趣的事情，呆萌萌赚的钱我们都会给它记账，它平时的花销一般都从自己赚的钱里面扣除。有时候家里的东西被它弄坏了，我也会开玩笑说，这个记你账上，它似懂非懂地看着我，太有趣了。

佩弦： 如果分享抖音运营心得的话，你最想分享的心得是什么？

萌萌妈： 我最想分享的心得是：回归初心，保持热爱。

这也是我送给自己的话。大部分的宠物博主最开始拍宠物视频，我相信都不是为了火，更不是为了赚钱，而是因为自己喜欢拍视频，喜欢记录自己狗狗的成长，抓拍它们可爱的瞬间。

但是随着自己的视频越来越火，粉丝越来越多，越来越多的人喜欢自己的狗狗，很多人就迷失了自己最开始的方向，会为数据焦虑，会绞尽脑汁想拍出爆款视频，会为了流量去蹭热点，但是我想说，这些是我们的初心吗？是我们当初热爱的吗？

我曾经一段时间，会因为数据不好晚上睡不好，会发愁为什么自己的视频没流量，会想怎么才能拍出大家喜欢的视频？后来有一次因为拍视频跟老公大吵一架，具体因为什么我已经不记得了，大概就是我想让他和呆萌萌配合我拍一个视频，最后一直没拍出来理想的效果。当时已经是凌晨了，老公也有一点不耐烦，加上那段时间我工作压力大，于是我就情绪崩溃了，跟他大发雷霆，我一边哭一边大声地斥责老公，哭诉着自己的委屈，直到我看到被我大声说话吓得躲到角落里的呆萌萌，我的心一下子像被针扎了一下，我才意识到，我这是怎么了。我赶紧跑过去，抱起我的小狗，抚摸着它一直跟它说："没事了，是妈妈不好，妈妈不该这样的，妈妈不该发脾气，妈妈错了。"

从那以后，我进行了深刻的反思，无论何时，我们一家人开开心心在一起才是最重要的！我最开始拍视频也是为了记录它的成长，分享我们生活中的喜怒哀乐，而不是为了满足我的虚荣心。而且，回头想想，当时我们拍出来的爆款视频，很多都是不经意之间拍出来的，而不是特意地去摆拍。同样，之所以很多时候我们拍不出好视频，有没有反思过，是不是我们的路走偏了呢？当我们为了拍视频而拍的时候，有没有想过，这还是我们的爱好吗？

现在，我已经很少会因为一个视频流量不好，数据不好就焦虑，我也回归到了自己最开始的初心，拍视频是我的爱好，我也会努力拍出更多好视频，给大家带来更多的欢乐，但我不会把拍视频当成我的任务，那就失去了热爱，失去了意义。我希望你也能够回归初心，保持热爱，回归到我们最初拍视频的心态，保持我们对记录生活的热爱！希望我们都能做自己喜欢的事情，保持一颗乐观的心，每天都能开开心心的。也希望世界上所有的小狗都能被温柔以待，加油呀！

6.4 "李如春"李如春专访

佩弦：你是从哪一年开始下班后做自媒体的？当时的动机是什么？

李如春：最早在2003年就开始写微博，后来在中国音乐学网做编辑，取得了一点成绩，但对互联网的运作还根本不了解。其实一开始我还是比较排斥智能手机的，习惯用电脑或笔记本，2012年才换智能手机，开始用微信，微信确实方便交流，朋友圈既可以保存自己的生活，也可以和朋友分享，增进相互了解。偶然的机会用了知乎，当时知乎回答问题的多是专业人士，答案质量很高，好多都带参考文献的，像论文一样，可信度极高。

我在2015年前后入驻了知乎，当时的动机是能用专业的视角回答一些音乐相关的话题，没想到粉丝暴涨，后来在知乎开启了付费回答，开设了live课，还有一些经济效益。

后来电视台的朋友和我合作，在今日头条拍乐理教学、乐器教学的视频。当时朋友的目的就是能取得社会效益的同时有一些经济效益，做到第二年才取得一点成绩，单个视频点击量能到100多万。在这个过程中，发现做专业的、音乐教学的视频很难成功，做流行音乐文化的视频有更多的受众，就转到这个方向，绩效飞速增长，因为不愿一味追求播放量，还是想做点高水平的东西，慢慢就不太经营今日头条了。

现在一直做微信公众号"乐来乐想"，虽然不火，但有个表达的空间，挺好的。

佩弦： 你以前在知乎昵称是"爱乐"，现在用本名是出于什么考虑？

李如春： 我的回答一出来，就有很多自媒体盗用我的内容与观点，各种公众号变着花样抄袭，还不标注资料来源，为了维权比较直接，只能改真名，利于维权。

佩弦： 谈谈你的主业给你的自媒体副业带来的帮助有哪些？

李如春： 主业给自媒体副业帮助很大，所有的自媒体都是以音乐博士做"人设"，还是比较受网友信任的，但是也因此不愿谈一些"低端"话题，受众范围会受一定限制。

佩弦： 你的副业又给你的主业带来哪些帮助？

李如春： 准备自媒体内容的同时也是我学习新内容、复习旧内容的机会，类似于"教学相长"，自己也在随着更新知识与观念。

自媒体副业扩大了个人在非专业圈的影响，比如，有一年在云南旅游被网友认出来，大家一起玩得很开心。再比如，通过自媒体了解我、报考我研究生的学生有很多。

佩弦： 有位网友回答了知乎问题"如何看待李如春博士？"——"李如春博士的良苦用心你不知道啊！他故意以博人眼球的方式，实则是能让我们在嬉笑中学到一点音乐知识，哪怕一点点也好。"那么你的真实原因是什么？

李如春： 这位网友说到点上了！知乎发展到后来有点鱼龙混杂，音乐领域真正的内行并不多，但有的不伦不类的回答还受到热捧。很令人担忧。

有了粉丝才可以把相对专业的答案传递出去，第一步是先涨粉。

人世间外行才是多数，就像有些网友说的，如春博士专业的回答，没几个人能看懂，反而是抖机灵的回答破万赞。

于是回答问题的时候采取了一个策略："高高在上""骄傲的专业人

士""自相矛盾（如瞧不上流行音乐还创作流行歌曲）"，这样容易引起争议的话题，结果反而取得了较大的成功，一度关于我的话题占据了知乎的高地，粉丝数量也涨到近10万，在知乎纯靠个人能力，没有任何团队，能做到这一点并不容易。知乎获得10万"粉丝"的难度差不多顶得上其他媒体的百万粉丝。

当时的想法是骄傲可以刺伤读者的"自我"，如果读者是个骄傲的人，就会很受伤，就会想法反驳，可以说是利用了这一点，知乎上一下子粉丝暴涨。但这样也会引起网友的误会，认为我就是一个骄傲的专业人士，瞧不起流行音乐。其实现实生活中我是谦虚、低调、踏实的人。

佩弦：你通过AI，完成了音乐作品《ChatGPT作词的九转大肠》的旋律创作，你使用ChatGPT写歌曲的具体步骤有哪些？你给ChatGPT写的歌词打几分（满分十分）？

李如春：《ChatGPT作词的九转大肠》是网上找到的歌词，歌词是一位网友以九转大肠为主题，用AI生成的。

ChatGPT写的这个歌词形式上还是不错的，但内容并不能及格。随着人工智能的发展，学习能力的增强，将来写出形式内容统一、有创意、有表现力、有感染力的作品应该不是难事。写歌曲的步骤就是依照歌词特点创作旋律，由于歌词内容还不太通，但基调是感伤的，旋律就用抒情流行歌曲情感很强烈的那种感觉，一本正经地对待一个不值得严肃对待的歌词去创作。

6.5 "Dr老爸的育儿经"王宇专访

佩弦：下班后你一般什么时间开始写作？最初是因为什么动机写知乎的？

第 6 章 博主专访：KOL 是如何炼成的

王宇：我的写作时间其实是不固定的，并没有坚持要在什么时候写，每次写多久也是随心所欲，率性而为。而且，现在手机很方便，坐地铁时、陪孩子看书写作业时，都可以写写。时间嘛，挤一挤就有了。

最初开始写作并不是在知乎，而是公众号。起因也很偶然，有一次，无意之间，我看到了某公众号的一篇医学科普，当时就想，这样的文章我也能写啊，而且应该会写得更好！所以试着写了一篇，现在还记得，那是一篇关于"学习困难"的科普文，然后抱着试一试的心态投稿到某大号，结果就真的被人家给选中了，而且还得了 2000 元的稿费。这件事给了我很大的鼓励，于是开始了自己的创作历程。

最后，兜兜转转，我还是把知乎作为自己的主战场，一是这个平台的调性比较适合我，前面说过了，其用户群体号称人均"985"嘛，虽为调侃，但事实上，知乎上确实是藏龙卧虎，牛人特别多，整体水平高些；二是知乎主要采用问答的方式，非常能够激发创作者的创作欲望。毕竟，表达欲是人的一种基本需要，就像前面我举过的例子，有些话不方便直接对家长说，如儿童发热的正确处理方法，但可以在网络上说，把我日常工作中难以直接说出来的话，在这里表述出来。

佩弦："Dr 老爸的育儿经"这个昵称，是怎么想到的？是一直在用这个名字吗？

王宇：是的，"Dr 老爸的育儿经"这个名字，我从一开始就在用，当时也没怎么仔细考虑，脑子里灵光一闪吧，就选中了它。这个名字有两层含义，其一，指明我的职业身份是一名医生；其二，同时表达出我也是一名父亲。从医生的角度、父亲的角度，把自己在工作中、在育儿中的所思所想通过网络表达出来，就是我的育儿经。

佩弦：做科普，你面对的主要人群是谁？他们的特点是什么？你医学科普写作的风格是怎样的？

王宇：我的科普所面向的人群主要是父母，特别是新手父母，他们的特点是育儿认知上的误区很多，而我的写作风格通常是毫不客气地指出问题。

其实,很久以前,有前辈就好心提醒过我,他说我写东西的时候一定要揣摩读者的心理,写出来的内容,千万不能与大众的认知及看法差距过大,得顺着大家的思路去说,不然就会让人家不高兴!当然,对此我也深有体会,但是,我这个人吧,就是茅坑里的石头——又臭又硬,一直不愿意去迎合读者,就是要由着自己的性子来,说自己想说的话,否则,我写作还有什么意思呢?

所以,这就是我一直火不了的原因之一吧,要反思,但坚决不改!

佩弦: 谈谈你的主业给你自媒体副业带来的帮助有哪些?你的副业能给你主业带来哪些帮助?

王宇: 我的主业与副业是相辅相成的。

主业是医生,副业做医学科普,本质上都一样。只不过,主业面对的是一个个单独的患儿及家长,副业面对一群患儿及家长。或许,副业更有价值!

要说起副业对主业的帮助,那确实很大,但这种帮助并不是什么利益上的好处,而是对自己医学能力的提升大有裨益。毕竟,要白纸黑字写下来的东西,可不能随意对待,必须非常谨慎,力求准确无差错。所以,写每一篇医学科普时,我都会先回顾自己头脑中已有的知识,再检索相关文献,与目前的医学前沿相印证,最后动笔写下来。日积月累,自己的医学能力也从中得到了很大的提升。

另外,在写作中,自然会发现一些同行,也被同行所发现,大家互相讨论、互相学习,慢慢结识了不少优秀的朋友,这也是很大的收获。我的某些文章甚至得到了业内大佬的认可。例如,有一篇关于儿童心理问题的文章,国内该领域的某权威专家竟然也读到了,还向我留言介绍了他的最新论文与成果。

佩弦: 我之前曾因做副业被领导批评过,同事也建议我要低调。那么问题来了,在朋友圈推广自己的公众号文章,你会对单位领导、同事设置分组可见吗？为什么？

王宇： 我做自媒体，写公众号，写知乎，从来不会避开谁，正大光明、坦坦荡荡。

从一开始，自己身边的同事、领导、朋友、家人就都知道了，因为我的朋友圈不设置分组。当然，迄今为止，还没有哪一位我身边的人对此表示过反对。我认为，最重要的原因是，作为医务人员，写医学科普，普及健康常识，天经地义！这与我的本职工作并不矛盾，甚至是相辅相成的。毕竟，要写出优秀的医学科普，需要反复思考、学习、总结，也提升了自己的医学水平。

而且，很多医学知识，医生在看病时没有告诉患者及家属，一方面是因为太忙了，来不及；另一方面，我认为更重要的，是由于某些患者及家属不会接受这些正确的知识。不客气地说，不少人根本不具备基本的科学素养，只愿意相信那些完全不靠谱的说法。如果医生在看病时直接指出其认知中的谬误，诊室里肯定会闹得乌烟瘴气。我上大学时有一位老师，是全国知名的儿童保健学教授，为人特耿直，要是发现家长的育儿方式有误，一定会立即指出来，从不藏着掖着，所以，她的诊室里每天都是硝烟弥漫。不过，人家是大专家，而且那时的领导也尊重专家、尊重科学，要是换到现在，家长一投诉，专家又咋样？"你是服务人员，要做好服务工作，你要让消费者满意。"

所以，我认为，写医学科普最重要的意义在于：把平时我们不敢说、不能说的真话、实话写出来，让大家看见，潜移默化中提高大众的科学素养与认知能力。退一步说，就算有人对我写的东西不满，也没法顺着网线过来打我是不是？

另外，我写自媒体又不占用工作时间，不耽误工作，碍别人什么事儿呢？为什么要低调？

当然，每个人的具体情况不同，有的博主主业与副业关联度不大，甚至存在矛盾，那就适当低调点呗，另外申请一个微信号用于副业吧。

6.6 "海布里de酋长"酋长专访

佩弦：你是从哪一年开始下班后做自媒体的？当时的动机是什么？

酋长：2018年。

其实我在此之前已经坚持写作很多年了，也写过包括小说、人物传记等内容，当然都是不太成熟的作品。

我觉得对于创作者来说，"表达欲"是非常重要的。如果一个创作者没有表达欲的话，他肯定是写不出好的内容的。

我在玩知乎之前，经常会把自己的一些文章发在QQ空间（当时朋友圈还不流行）。

因为高中开始有学业方面的压力，写小说很花时间，加上我自己通过常年观看体育比赛的积累，开始从传统的偏文学方向的创作内容，转向体育评述。

我们都知道，看懂体育评论的前提是你对体育比赛有所关注，它不像电影、情感类的文章，更容易让人共情，所以阅读体育类文章是有门槛的。

当时身边有个小伙伴，向我推荐了知乎这个平台。知乎对自己的定位是中文互联网高质量的问答社区。相比一般平台，它更重视文字和知识。站内的用户整体质量也偏高，高学历、高知人士很多，对于专业领域的内容，他们看得懂，也能跟你就观点进行碰撞与交流。

加上那会儿，我刚去上海电视台实习，就职的也是体育部门。我本身是个资深体育迷，职业又是做体育传媒的，热爱+职业，那写体育方面的文章也算是一种"专业对口"。

于是就决定去知乎发表文章，这也是我认真做自媒体的一个开始。

至于动机，可能和很多人，特别是现在想做自媒体的人的出发点不同。我最初选择下班后做自媒体，并不是以"赚钱"作为第一目的。我更多的还是一种创作者的表达欲，希望能够记录自己这些年来观赛的一些感受，以及对于体育运动的理解。也希望用心创作的内容，通过互联网可以被更多的人看到，后来收到一些正向的反馈，这样就更有坚持创作的动力了。

佩弦： 你做自媒体是一开始就比较顺还是厚积薄发？转折点发生在什么时候？你总结的原因有哪些？

酋长： 我觉得还是算比较顺的。

我在2017年注册知乎，2018年开始认真运营自媒体。大概也就过了不到一年的时间，就迎来了自己在知乎平台上的一个转折点。

2019年，也是机缘巧合认识了知乎的运营。因为运营的日常工作中，有一部分就是挖掘自己所在板块的优质写手。

我当时通过1年多的时间，主要是邀请的方式，写了很多有质量的回答。

说来也有趣，最初，我并不知道那个经常邀请我回答问题的人，是体育板块的运营。后来，我们已经形成了一种默契，他会找一些有价值的、大家关心的问题来邀请我。我会在保证质量的前提下，尽可能多地去更新。每次更新完，运营就会给推荐，形成更大规模的曝光。

通过长期用心创作，加上我在体育领域的专业度，2019年，这一年我的涨粉速度很快，突破了万粉。后面我也有多个回答被知乎日报、周刊收录，甚至还被官方评定为足球板块的优秀回答者。

佩弦： 你过去的从业经历（上海电视台、体育公司）对你现在做自媒体有哪些帮助？

酋长： 我觉得更多的是一种思维方面的变化吧。

我在电视台的时候，我的主管要求我们写文章要"真实、准确、客观、公正"，文章内容不能是捕风捉影的，不能预设立场、观点偏颇。还有包括如何选题、如何取好标题、如何增强自己文章的可读性，以及如何培养粉丝黏性等技巧的提升。

对于并非高校中文系毕业的我来说，这就像是野路子在"科班"学习的过程。中间也有过采访明星运动员、赛事包装，还有作为媒体工作者进球场等丰富的经历。

当我从电视台这所学校毕业后，我拥有了许多"自媒体"所未曾拥有的东西。我也没有丢掉自己做自媒体的初心，这是我觉得能够吸引粉丝的一个点吧。

另外，资源人脉方面，这些我不避讳地说，肯定是有的。比如有一次我受邀参加知乎的直播节目，同行的还有爱奇艺的熊冰杰老师，在聊天过程中惊奇地发现我们竟然是同事。电视台所在的广电大厦6楼是体育直播间，上海当地的解说大咖经常会来台里做客。

还有2022年世界杯的时候，也是因为一位电视台老师的介绍，才有了跟刘建宏老师合作拍摄抖音的机会。如果没有这段就业经历，单纯靠自媒体做得好，可能也很难有跟刘老师这样国内顶尖解说员交流的机会。

佩弦：自媒体人三表当年面临时评和体育评论的二选一，最终没有选体育评论，因为难挣钱。杨毅在电台节目中说国内球迷对体育的消费很有限。对此你怎么看？你目前变现的主要方式是什么？

酋长：我觉得三表和杨老师的言论，不能说是没有道理的。因为总体来看，体育评论确实是不太容易变现的一个赛道。我就举一个很简单的例子，愿意为了看电视剧、综艺节目充值视频会员的人很多，但愿意一年花几百元充体育会员的人不太多，可能不少朋友认为这个价格宁愿去看盗播。而能够每周末花200元，到现场看球的人更是寥寥无几。

听上去有点残酷，但这就是中国体育的现状。中国人口众多，但是体育人口少，愿意付费的球迷更是寥寥无几。所有行业只有做成产业，它的盈利才是有保障的。从这点看，体育显然不是一门好的生意。

但是，我一直相信一个道理。没有不赚钱的行业，任何行业，只要你做到了顶端，都是有钱赚的。

早两年，我也和朋友吐槽过知乎的"变现难"的问题。但是最近一年，我的自媒体收入还是比较可观的，每个月都能有几篇约稿，特别是世界杯这样的大赛期间。当年，我世界杯一个月差不多赚了主业两个月的工资，你可以想象一下这个收入。

哪怕不是世界杯期间，通过MCN平台的推荐、朋友介绍，或者别的公司 PR 的主动联系，还是有许多变现的机会的。除了直接的约稿，还有一些带货类型的合作。就是通过置换商品的方式，来邀请写手为公司写稿宣传。像这类合作，我都会自己先试用甲方的产品，亲身体验后觉得确实是好东西，才会推荐给大家。我觉得这既是一种对粉丝的负责，也是对自己辛苦经营多年的账号的负责。

佩弦：评论一场比赛和评价一名球员的职业生涯，这两类文体你都写过很多，你对这两者的写作流程和写作心得是什么？

酋长：是的，这两类文章我都比较得心应手。

当然，它们的创作流程与写作技巧是完全不同的。

先说比赛复盘，所谓复盘，就是当一场比赛结束后，针对比赛过程中双方球队的技战术、教练临场指挥等细节进行研究与探讨，能够起到帮助球迷更好地看懂一场体育比赛的作用。

比赛复盘需要的显然是足球技战术方面的知识，相对更硬核，也更专业一些。写手需要像解说员一样，先熟悉比赛双方球队与球员的技术特点，然后根据场面进行具体分析。

罗马不是一天建成的，这样一种"阅读比赛"的能力，显然需要写手日积月累，而随着对足球运动理解的加深，遇到的情况多了，写起来也会更得心应手。

再说球员故事，我认为这类文章其实更偏向于传记，需要凝练而准确地回顾球员职业生涯的故事与高光时刻，帮助球迷更深入地了解一名球员。

这类文章相对来说，更好准备。因为在球员退役后，他的职业生涯基本可以说是盖棺论定的，不像足球比赛那么瞬息万变。

关键在于，一个是你的知识储备足不足够支撑你写好这个故事——我认为一篇优秀的球员故事需要讲一些冷门的、大多数人不知道的点。所以我平时很喜欢看球员的英文原声采访或是阅读他的自传、外国记者写的专栏文章，这能帮助我在写球员故事时有更多的内容可以去讲。

第二个就是文章结构的构思，即从什么角度来说故事，这里以我之前写的《不会飞的荷兰人》为例。第一段是插叙,先写了博格坎普"恐飞症"的来源——顺便点了一下主题。

在写文章前,我看到过网上很多写博格坎普的文章,基本都是以时间线流水账式地回顾了他的职业生涯。所以我就尝试从另一个角度,另辟蹊径,即用"师生关系"这条主线,从博格坎普和3位主帅之间的情感故事入手,串联起冰王子厚重的职业生涯。

比如克鲁伊夫的"打压式"教育、温格的"鼓励式"教育,范加尔则介于两者之间,他的妙手改造成就了"冰王子",却也使得这对模范师徒反目成仇,我觉得从师徒情这个角度去回忆博格坎普这样一名伟大球员的职业生涯是很新颖的。

事实也的确如此,这篇文章发出后,在站内取得了不错的反响,也得到了官方的编辑推荐。

6.7 "芝麻酱"肖瑶专访

佩弦:你是从哪一年开始给企业做代运营的?有哪些品牌?代运营过程中甲方、乙方有哪些开心和不开心的事情?帮企业代运营对你目前做自媒体有什么帮助?

肖瑶:我从2012年开始就给企业做代运营了,早期的微博和后来的第一批微信公众号,我都活跃在运营第一线,主要服务的品牌都是食品类企业。服务过的企业有世界五百强、全球前十名的大食品公司,也有本土刚起步的创业型品牌。

最让人开心的是,我的工作获得了很多客户和读者认可,毕竟那时候,专业的从业人员比较少,新媒体行业还处于野蛮生长状态,而我具有专业知识方面的优势,新媒体做得好的没我懂食品,懂食品的没我会做新媒体。那时候我是很自信的,热情满满,成长也很迅速,不仅是创作上的成长,还有和不同公司的合作,让我学习到很多工作流程、管理方法、沟通方法等,这些内容后来在我的工作中都用得上。

不开心的事当然也有,我也会嫌弃有些甲方,有些项目事儿多,修改多,但只要做出来的东西是好的,我都会开心。我最不能忍受的是,有时候会有那种以老板个人意志为主导的公司,他不管市场怎么样,网友喜欢什么,只想按照自己的喜好来做,而他的审美和认知又跟不上时代,那我们做乙方的做起来就很难受。不过,这样的甲方通常自己发展也不会很好,其中有些品牌或产品已经在市场上消失了。这也给了我一些警示:第一,创业很难,对创业者的综合要求很高,一定要兼听则明;第二,内容创作者要随时关注现在网友的喜好,了解网络文化,不能只按照自己的想法闭门造车,而是要投网友所好。

佩弦:你有多年服务企业官微的经验,也做过很长时间自媒体,你觉得这两者运营上的区别是什么?要做出成绩的关键要素分别是什么?

肖瑶:二者的本质区别,官微是服务于品牌的,基本上发什么东西,说的每一句话,都要考虑对品牌有没有好处?有没有可能引发负面舆论?没有好处的话不说,有风险的话也不能说。

而且,企业官微通常会设定一个符合品牌调性的"人设",要扮演一个惹人喜爱的"虚拟形象",就像拿着剧本演戏,一切都是围绕着构建这个品牌角色来做。不过也不是所有企业官微都那么重视品牌形象,一些企业可能更重视功能性,一些企业更重视流量和热度,一些企业执着于卖货,这都不一样,得看甲方的需求来制定运营方案。

自己的账号就自由多了,可以随心所欲一点,毕竟我并不是一个纯粹的营销号,我运营这个号也没有什么套路,当初使用这个号就没有抱着运营的心态在做,只是正常使用而已。当然,我也会自然而然地把自己以往的运营经验应用在这上面,但并不刻意,也不存在给官微运营的时候要有人设,要绞尽脑汁优化标题,要时时刻刻追热点的问题……我就很随意地创作,写我想写的,说我想说的,表达我真实的观点和情绪。

在知乎上，总有人在评论里说我"接地气""说人话""通俗易懂"，所以这也是我的优点吧。

很多企业官微费尽心思，也只不过想表现得像个真实的人，以拉近和消费者的距离，你已经是一个真实的人了，为何不把真实的自己表达出来呢？说自己想说的话，创作动力也更强。

佩弦：你是哪一年开始做轻食店老板的？为什么想到做这个？后来又为什么不做了？这段经历对你做自媒体有什么帮助？

肖瑶：我是2015年开的店，因为当时自己有了一点积蓄，而我又是学食品的，特别热爱烹饪，所以有很多对食品营养、食物烹饪的想法。那时候我觉得市面上健康的餐饮太少了，对营养学及烹饪的爱好让我产生了迫切地想去做一些试验的想法，而且也不想再做乙方了，想着万一做餐饮发财了，就再也不用做乙方了。

可是餐饮业竞争太激烈了，很多餐饮业的玩法也不适合我，每个顾客都是甲方，这样一来，我面对的甲方更多了。虽然以前做广告行业，也经常被甲方气到，但赚的钱也多啊。可当我服务在餐饮业第一线的时候，客人买杯十几块的饮料就能做我的上帝，每天都要和那么多上帝打交道，人只要交流就会有误会产生，何况是在买卖关系下，不可避免地存在不平等的心态。总之，我感觉我在餐饮业的时候，受的气比做广告更多，每天处理的事情方方面面都很杂，经常被很多鸡毛蒜皮的事消耗了我的情绪，于是我越来越心灰意懒。

做餐饮对我做自媒体实质性的帮助肯定是有的，开餐馆的那段时间，我经常在店里守店，因为店比较小，还无法形成良好的可以让我放手的运营模式，所以完全交给店员去做是不可能的。我每天都很勤奋地去经营，但作为一家餐饮店，每天到了非饭点不忙的时候，我就有很多碎片时间，正好适合用来刷知乎答题。那段时间，上知乎回答餐饮相关的问题就是我的日常娱乐，我的产出频率非常高，并且开餐馆给了我很多相关的行业经验，我在餐饮相关的食材、烹饪方式、卫生管理、法律法规等方面的知识积累很多,这是在学校和公司学习不到的。而当下的很多食品安全问题,其实都出在小餐馆,这也是大众比较关注的方面,所以积累这方面的经验,也是我创作科普的一个优势。

佩弦:你了解的知乎上的变现方式都有哪些?你第一次接广告是什么时候?你目前变现的方式有哪些?

肖瑶:我刚玩知乎的时候真没考虑过变现,单纯就是看不惯谣言,一腔热血地想要辟谣,把一些我了解的知识真相告诉更多的人,我"为爱发电"写了好几年的回答,除了点赞,没有任何回报。

什么时候第一次接广告我也忘了,虽然我玩知乎不是为了钱,但毕竟我还是做过几年新媒体运营的,当有甲方找到我的时候,我当然不会放过这个机会。为爱发电是很好,但我也是要吃饭的,我想如果能在做自己科普爱好的同时,又赚到吃饭的钱,那才是可持续发展,这样成为大V赚广告费,我又可以不用看甲方的脸色了。

知乎的变现方式有很多啊,你账号影响力大的话,会有品牌找你写回答做推广,有专业技能或知识的话,可以开通付费咨询,让别人付费买你的知识。即使账号没什么影响力,还可以在回答里带货赚取佣金,知乎有好物推荐的功能,类似以前的淘宝客,如果做得好,佣金也是很可观的。还有,官方现在也有很多创作激励活动,参与官方活动写回答就有激励金,不过这个激励金并不太多,只能赚个零花的水平吧。在知乎写小说或电子书也能赚钱,有个栏目叫知乎盐选,是知乎付费会员才能看的内容,如果你写的东西能作为盐选内容发表的话,别人看这个内容时你都会得到提成。所以,现在很多人开始在知乎写小说,看的人多的话收入也非常高,据说比起点、晋江等专门写文的站点门槛要低,没那么卷,只要你的内容好,在知乎能脱颖而出的机会更大。

我现在变现以品牌推广为主,其他什么付费咨询、活动激励、好物推荐等七七八八也有一些,不多,但加起来还是够养活我,可以不上班了。

第 7 章

案例复盘：爆款是如何炼成的

7.1 抖音案例复盘

7.1.1 "模仿帝陈挑战"陈海洋谈创作心得

> **《假如 10 年前的罗斯穿越到现在》**

投篮热身，跑篮，坐替补席，替补上场，传球，突破分球，空位三分没进，被换下。赛后背个书包，便装往回走，坐上车，车上有瓶水，拿起来一看：愿望水！呵呵一笑："呵，明天我生日（摇头欣慰笑），那就，让 10 年前的我来帮我打场球，回馈一下粉丝吧！"说完苦笑，然后喝下。

时间来到 2013 年，罗斯快攻折叠背扣，跳了一下来庆祝，被时空隧道吸走。飞到 2023 年的罗斯车前，老罗在看手机，突然一个急刹车，老罗探出车窗："你没事吧！"（呆住）。

小罗也愣住，四目相对，慢慢放大。

镜头突然切到车里。

第7章 案例复盘：爆款是如何炼成的

小罗："所以，就因为我扣篮不爱挂框？"

老罗："反正你回去之后，一定要好好保护膝盖，别以为自己年轻就了不起。"

小罗："知道了。"说完开门要走。

老罗："等一下。"

小罗："对了，我怎么回去？"

老罗："不是，明天咱生日，主场，替我打一场，粉丝还是很爱我。"

小罗思考一下："打完送我回去？"

老罗点点头，递上一双护膝："好好保护膝盖！"

（转场）

寸头的罗斯来到球场，跟教练说："教练，今天我生日，让我打首发吧！"

教练看他这发型很惊喜，点点头："这发型！年轻十岁啊！"

（转场，上场）

拿到跳球，过半场直接一个不减速变向突破，进去面对防守一个小拉杆。

教练惊了！

第二球，直接变向突破双手折叠隔扣！

教练抱头惊讶！

接着，空接暴扣，快攻折叠背扣，拉杆背扣，大风车扣篮，超远3分。

乔装打扮的老罗眼含热泪地鼓掌，擦了一下眼泪说：生日快乐！

（转场）

第二天醒来（2023年）。

伸懒腰。嗯？这不是我芝加哥的家吗？（看了一眼手上的4个冠军戒指）惊呆了（愿风城玫瑰，永不凋谢）。

《假如MVP赛季的威少穿越到现在》

假如MVP赛季的威少穿越到现在（2023年）。

快船时期的威少,投篮投到篮板上沿,三分被放投却投不进,突破进去扣篮,不进……

威少失落下场,坐在角落喝水沉思(拿了一瓶特别的水)。

边喝边默念:"唉~如果6年前的我可以来帮现在的我打比赛就好了……"边喝边旁白。

镜头慢慢给到水上面,上面写着"愿望水"。

镜头来到2017年,威少突破超级扣篮,庆祝后往前跳,直接跳进时空隧道。

掉到了2023年的威少面前。两人面面相觑,惊呆了。

(转场)

小威:"你怎么能混成这样!我怎么会混成这样!"

大威无奈:"明天和灰熊的比赛你帮我打吧!(2023年3月30日)"

小威:"我怎么回去啊?"

复制今天的三分球5投5中,扣篮,助攻。梦回巅峰。

大威在场下戴着口罩鼓掌。

赛后采访,记者:"你今晚的表现简直是重回巅峰啊!"(全场欢呼!)

威少看了看全场,不是滋味地回答:"6年前我每场都能打出这表现,观众也都习以为常。等着瞧吧,我回来了!"(点点头)

佩弦:"球星穿越"这个系列,你的灵感是怎么诞生的?这个系列的受众人群是谁?

陈海泳:我一直就是天马行空的人,经常出现各种灵感,没怎么注意过是受什么启发,但肯定是我自己原创的!受众人群还是偏向于球龄高点的,这些人才能看得懂。

佩弦:愿望水的灵感是怎么想到的?这个系列模仿哪位球星对你挑战最大?

陈海泳:剧本方面其实很简单,每一集的想法都会先在脑子里过一遍,条理清晰了再用文字把细节做好，让它衔接得更自然，所以就有了愿望水的设定。因为其他设定要么老土，要么拍摄成本高，要么时长太拖沓，要么太尬，还是觉得愿望水刚刚好。其实，模仿哪位球星都不难，谈不上什么挑战。

佩弦：这个系列视频发布后的数据怎么样？你觉得做单独的模仿视频和系列视频各有什么优势？

陈海泳：数据比较可观，各平台也稳定，但谈不上爆。这种系列的优势就是在剧情和制作上会让人一看就是精品；单纯模仿的都是紧跟当下热点拍的，热度会比较高，经常出爆款。

佩弦："24日致敬科比"这个系列你的灵感是怎么诞生的？你个人对于科比投篮包的理解是什么？

陈海泳：这个不能算灵感，就是由内而发地想致敬他，因为他确实对篮球有着举足轻重的贡献，而且还是我偶像麦迪的好兄弟。我也是从他8号时期就开始看他的比赛。他的投篮包我觉得是学起来最累的，因为他的架球点很高，加上一些高难度跳投，很考验身体素质，所以我只能在自己的"迷你"球场做得比较像，标准场就很难了。

佩弦：你会抓住哪些特点去模仿科比？你个人认为科比在中国，乃至亚洲最受球迷欢迎的原因是什么？

陈海泳：科比身上的那股劲儿吧，他无论做什么动作都感觉全身在发力。他能有这么大的影响力，原因肯定不只是他的成就了，我觉得还因为气质、人帅、球风帅、情商高等。当然他的成就也是很重要的一部分！

佩弦：这个系列视频发布后的数据怎样？这个系列视频给你带来了哪些媒体报道和合作机会？

陈海泳：数据挺好，但没什么媒体报道，合作方面我全推了，你可以发现，我到现在30多期科比的视频，没有一期是广告的。我拍了那么多科比的视频，都会有人喷我"消费科比"，如果我真去靠科比的内容打广告，那不就更被喷了？而且我内心也过不去这关！我做这件事是表达我对他的尊敬，而不是靠他来赚钱的。

但更多的评论还是赞许的，这点我就很欣慰、很开心！也支撑着我，让我更有动力坚持下去。

7.1.2 "健身小伟吖"小伟吖谈创作心得

佩弦：在抖音创作前你的想法是什么？

小伟吖：平时简单训练，拍成短视频分享出去，让大家参与到全民锻炼中，结识更多锻炼的小伙伴。

佩弦：作品的创作过程是怎么样的？

小伟吖：会提前想好拍什么内容，大概把脚本写一下，然后商量好时间，去拍摄、剪辑、发布。

佩弦：作品发布后，你做复盘总结吗？

小伟吖：所有作品基本都要用到这个模式，视频只要有反差、内容、完播，这个作品播放量一定不会差。可以再加上健身、搞笑、艺术、技术等自己擅长的成分，效果会更好。

佩弦：作品开头设计一个汤姆猫的动作，作用是什么？

小伟吖：增强搞笑感，为后面有难度的太空漫步做铺垫，形成一个反差感。内容有了，搞笑有了，反转有了，一般都会上热门。

佩弦：与别的健身博主相比，你认为自己最大的优势是什么？

小伟吖：视频拍摄、剪辑经验多点，健身动作难度较大。

第7章 案例复盘：爆款是如何炼成的

佩弦： 在你的视频里总有这样的场景：路人看到你的表演后，露出惊讶的表情或翘起大拇指，这个环节是提前安排好的还是自然发生的？

小伟吖： 有些是自然发生的，有些是安排好的。

佩弦： 刚开始起号，是一帆风顺还是比较曲折？

小伟吖： 算是一帆风顺的，当时对标跑酷运动员和一些跑酷领域的达人，模仿他们视频风格。

佩弦： 在抖音创作前你的想法是什么？

小伟吖： 应粉丝要求，去分享一些自己平时常用的健身器材和一些健身零食，做一些教学，顺便引入产品赚点钱。

佩弦： 作品的创作过程是怎么样的？

小伟吖： 会先去对标其他健身账号，然后写脚本，安排时间去拍摄、剪辑、发布。

佩弦： 作品发布后你的复盘总结是什么？

小伟吖： 对于这种挂小黄车的视频，直接模仿爆款视频，自己试过多次，基本不行。也可能是自己的账号不适合这种模式，感觉是看自己账号的IP影响力、健康度、垂直度、粉丝黏性，跟以往作品保持高度垂直，依据平时自己拍摄的日常风格引入产品，跟内容质量关系不太大。要做的就是继续保持之前能上热门的风格，再尝试引用产品。

佩弦： 你通过短视频带货（健身器材），在选品和卖货上的经验有哪些？

小伟吖： 选和自己同类型的产品，一些性价比比较高的产品。

佩弦： 挂小黄车后，要提高播放量和转化率，你的经验有哪些？

小伟吖：作品要和以前的风格保持高度垂直。大概内容可以用下述模式，先用疑问句开头，一定要留住用户，比如：睡觉也能减肥？居家如何练出麒麟臂？然后讲解的过程中植入产品，最后继续讲完。商品可以选择有性价比的，评论区也可以引导下单成交。

佩弦：你短视频带货最高的一次卖了多少单？赚了多少钱？在星图接广告最高一次收入多少？

小伟吖：卖过600单，赚了13000元，在星图最高一次收入12000元。

7.1.3 "玲玲美食日记"刘昱含谈创作心得

佩弦：创作这个视频时，你的情况是怎样的？

刘昱含：我是在25岁左右给自己定的30岁目标，我30岁应该会上一个台阶，会比之前的条件好一些，各方面都更优秀。可是离30岁越来越近的时候，我就知道我想多了，想象和现实真的差距很大，我依旧奋斗在社会最底层，没有任何的变化，只是比之前好那么一点点吧。我就决定不过生日了，默默工作度过了我的30岁，因为确实没有成功，所以就继续努力工作。之前我一直找不到没有成功的原因，一直觉得自己很努力了，现在30岁过了，才发现当时的自己很渺小。

佩弦：你是怎么想到做这个视频的？

刘昱含：我经常把自己创业的经历记录下来，觉得是见证自己成长的一个过程。我从最开始拍短视频就是属于实体商家做个人IP的路子，给我的实体项目做线上曝光，用抖音给自己打免费的广告。

佩弦：这个视频的播放量有多少？
刘昱含：抖音播放量12.5万。

佩弦：选取这个视频的背景音乐是怎么考虑的？能带给观众什么样的情绪？

第7章 案例复盘：爆款是如何炼成的

刘昱含： 选择的是励志、煽情的那种歌曲，给观众一个代入感，让视频更生动一些。

佩弦： 这些事情是真实的吗？创作中你具体是怎样操作的？创作的目的是什么？

刘昱含： 我记录了太多从小一路走过来的视频，是真人真事，还有很多没有放上去，因为做一期这种视频挺复杂的，我只是随便保存了一些素材，拼接在了一起，大概要几个小时。因为现阶段我用短视频带货，需要让大家第一时间了解我，我看很多大博主是这样的，所以我就把这条视频置顶了。

佩弦： 台词中你引用了金句"并不是为了看到希望而坚持，而是因为坚持才看到希望"，这句话放在视频结尾，你的用意和含义是什么？

刘昱含： 就是告诉自己，每天坚持的话，总有一天会看到希望，不是因为有了希望才去坚持。

佩弦： 这个视频的创作灵感是怎么产生的？

刘昱含： 那天我和老公聊天的时候，无意间聊到春游的话题，闲聊这几分钟，视频选题就有了。第二天拍了若干条视频，剪辑成了4期节目，感觉一下子就抓住了用户痛点！

佩弦： 当时拍摄的场景是在哪里？

刘昱含： 在沿滩租的农村的房子里。

佩弦： 拍带货视频，在器材上，你要准备的设备有哪些？需要提词器吗？

刘昱含： 相机是索尼A7M3，麦克风是罗德的，补光灯就是随便买的。相机拍的我觉得没有手机真实，现在我都不准备用相机了，手机无美颜滤镜能第一时间还原，我觉得效果更真实自然，我比较喜欢这种风格。我老公拍得比较偏商业风格，老板商家比较喜欢。不用提词器，就是自己随便跟着状态说的。

佩弦：我发现你的带货视频控制在1分钟，步骤简单粗暴，是怎么考虑的？

刘昱含：是为了突出调料的省心、简单、好做。

佩弦：在撰写脚本上，你是不是也要详细注明远景、近景、特写？

刘昱含：脚本我写得很简单，把抖音看到的好词好句摘抄下来，改编一下就用，偶尔有空的时候写脚本，没空就不写，就是随意拍的。

佩弦：创作发布后的数据怎样？你总结了哪些经验？

刘昱含：春游系列每一期大概卖了几千吧。每天我都会有很多新的想法，一直在改进，每个时间段的思想不一样，每天拿小本子在抖音上学，觉得有用的就写下来，第二天看。

7.2　知乎案例复盘

7.2.1　"李如春"李如春谈创作心得

听起来就觉得俗气的歌曲有什么特点？

一般都能接受的俗的标准：无创造性地抄袭或模仿，如《why you》《洗刷刷》等；简单单调，如《大苹果》等；乔装高雅，如《菊花台》；想故作庸俗来摆脱庸俗却依然庸俗，如《狮子做》；不能体现人的智力，如《老鼠恨大米》；喜欢审丑又真丑，如《滑板帽》；追求感官快乐，如《擦干

第7章 案例复盘：爆款是如何炼成的

鼻涕陪你睡》；空洞无内涵，如《江南style》；无艺术性的情感发泄，如《姊姊》；做文艺青年受伤状，如《西江西》；还有无个性粉饰太平、唱空虚的赞歌等。

还有一些比较隐蔽的庸俗，如《空间都去哪里呀》，貌似深刻，实则是亲情鸡汤毫无创意，挠温情的痒痒。《卷猪脸》之类的歌曲则像婚纱摄影，还是在马尔代夫拍的，很高大上。《董小姐》披着民谣外衣，装作彷徨无助状，努力寻找社会底层青年的共鸣。

可以从曲式、旋律、节奏等方面给烂歌定义，有以下几点：

一、曲调与歌词结合紧密，符合说话的音调。像"摩擦摩擦，像魔鬼的步伐"那种歌词。

二、歌词通俗易懂，比较押韵。像"河马河马，你去哪儿呀"，还有"月亮出来天亮了，满脑子都是鞋子哭了笑了"之类，也可以伪装古风高雅一点，如"镌刻好每道眉间心上""芦沟桥下清澈的水，南山有墓碑"之类的歌词。

三、一个主要曲调不断反复，反复强化听者熟悉程度。像"哦玛米玛米卖卖咔""你是我的小呀小××"那种歌词。

四、曲调改编流传广泛的已有旋律。如"我不想我不想不想长大"那首歌引用了莫扎特作品的音调，像《山不转水在转》改编了《小白菜》那种歌曲。

五、曲调多用同音反复，典型的如《大苹果》。

六、节奏感强、典型节奏不断反复，如"跑马的汉子"那种歌词。

七、声乐方面一定是普通人都能唱的音域。

八、寻常的节拍、调式等其他因素，流行歌曲在此领域几乎没有任何突破。

九、有的作品会刻意制造点造作的个性之处。比如"神曲"的衬词，比如"快使用三截棍，吼吼哈嘿"等。

十、要靠各种媒介不断轰炸播放，这样的方式会使几乎所有歌曲广泛流传。

十一、编曲一定要有鼓或某种打击乐节奏型，没有它流行音乐都要失语。

以上东西都会有例外，如"那就是青藏平原"挑战第七条，反而成为使之流传的"热点"。

十二、曲式一定是最简单的两段体或三段体，乐段自身反复，然后联合反复，副歌还要再多次反复。

也许犀利冷静客观的分析刺痛了某些平庸脆弱的心，有些朋友会认为自己喜欢的作品就是自己，批评他们喜欢的作品也就是批评了他们。

佩弦：写这篇文章时你的状态是怎样的？

李如春：这是受福塞尔的一本书《恶俗》的影响，他一针见血地写出了恶俗的定义：

恶俗就是弄虚作假、装腔作势，却恬不知耻；是餐馆、酒店、电影、电视、大学等各个领域充斥着的虚伪、俗艳和无知；是以丑为美、以假为真、以浅薄为深刻、以愚昧为智慧。

恰恰当时很多的流行歌曲与之毫不违和。

流行音乐是大众音乐，是商业音乐，是通俗的，但很多网友不接受这个事实，我就用了比较犀利的措辞指出这个问题。

佩弦：写作前你有哪些思考？做了哪些准备？

李如春：看了福塞尔的《恶俗》，回忆了近年来一些流行歌曲。

佩弦：写作中你具体是怎样操作的？

李如春：毕竟是批评人的回答，要有理有据，于是从音乐角度逐一分析，涉及的作品也经过改名，让被批评者也能欣然接受。

佩弦：文章发布后的数据怎样？你的感受如何？

李如春：有635人赞同，收获421条评论。评论的网友多是流行音乐爱好者，认为打击面太大。他们对回答的内容并不理解。说他们喜欢的歌是恶俗的等于批评了他们的口味。没有独立思考能力、没有境界的网友也许会感到沮丧，这也是意料中的结果。

7.2.2 "Dr老爸"王宇谈创作心得

> **不同科室医生之间有没有隔行如隔山的现象？**

我是儿科医生，我觉得其他科室的医生，只要有了娃，根本就不像是医生了，瞬间变"傻"了。

晚上7点，医生妈妈急匆匆冲进诊室："王医生，不得了啦，我娃不吃饭！"

让我看看，"呃……没饿。"

晚上9点，医生妈妈急匆匆冲进诊室："王医生，不得了啦，我娃不睡觉！"

让我看看，"呃……没困。"

晚上10点，医生妈妈急匆匆冲进诊室："王医生，不得了啦，我娃醒啦！"

让我看看，"呃……饿了。"

晚上11点，医生妈妈急匆匆冲进诊室："王医生，不得了啦，我娃一直哭！"

让我看看，"呃……拉臭臭了。"

佩弦： 写这篇文章时你是怎么想的？

王宇： 这说不上是一篇文章，也就是吐个槽。

那天我正好坐地铁去参加一个学术会议，乘车时无聊，刷刷知乎，无意之间发现了这个问题，突然感觉内心被触动了一下，几乎没怎么思考，就利用车上那短短的约10分钟时间，在手机上敲出了回答。

当时，这个问题下已经有了不少回答，大概瞅瞅，前面几条点赞量都不少,新的回答要想脱颖而出可不大容易,但我也没多想,反正就是吐个槽呗,三下五除二,敲完回答,该干嘛干嘛去了。几个小时后,得空再去看看,我惊奇地发现,自己随手写出的这一篇,竟然已经处于热榜第一的位置!

而且,该回答写于2020年3月,至今已有3年,还会时不时收到赞和评论。

事实上,我并非传说中的大神,随便写点什么都能受到追捧,其实,有些文章我是非常用心的,写作前做足准备,查资料、列提纲,在脑子里一遍遍演练写作的某些细节,一遍遍憧憬完成后会是怎样的惊天地泣鬼神;写作时,我正襟危坐,目不斜视,双眼死死盯着电脑屏幕,手指头噼噼啪啪敲击着键盘,脑子高速运转、思绪纷飞,金句、段子一个个冒出来;写作完成后,我看着自己的作品,踌躇满志,志得意满,仿佛已经看见,它将火爆全网!结果,阅读量、点赞量全都惨不忍睹……

佩弦: 写作前你有哪些思考?做了哪些准备?

王宇: 写这个回答时,我刚玩自媒体不久,并不能深谙产出一篇网络爆文的深层次原因。当然,现在也说不上完全明白,不过,经过数年写作,产出无数篇爆文后,我认为,当时这个回答虽然简单,却自有其火爆的原因。

原因之一是我的准备。

看起来我毫无准备,看到问题就写,并很快写完,根本没考虑过什么行文思路、逻辑结构,哪儿该埋下地雷,哪儿该抖个包袱,也完全没有规划。但是,毕竟我已经当了10多年医生,经历过太多太多,一肚子牢骚话,早已不吐不快!这不,好不容易发现了一个发泄口,还能忍住不说吗?

因此,所谓准备,我们应从更大的视角去看待。长期的学习、工作经历,丰富的生活经验,都是准备。

所谓养兵千日、用兵一时,自己的阅历就是"养兵"的过程。虽然,当时我并没有想过,自己有朝一日会把它们写出来、记录下来,但是,

第7章 案例复盘：爆款是如何炼成的

真正到了"用兵"的这一刻，无须绞尽脑汁，就像提取电脑中存储的数据一样，只需输入检索词，它们就会自动冒出来，滔滔不绝。

佩弦： 写作中你具体是怎样操作的？

王宇： 只有阅历上的准备确实是远远不够的。我想大家可能都经历过，面对某一话题，胸中似有千言万语，诉诸笔端时，却不知从何着手。

究竟该怎么写，才能吸引读者？

这个回答能够解释火爆的原因之二，写作技巧。

写作技巧这个词，看起来挺高大上的，网上有一些培训班，专门教这个，听说收费不菲。当然，我从来没去学过，感觉不值，何必花这冤枉钱。

我认为写作与聊天类似。聊天谁都会吧，但是，怎么聊，才能把这个天聊下去、聊开心、聊出高度、聊出境界！这玩意儿难以寻求统一的套路，我自己常用的方法有几种，针对这个回答，先讲自己最常用的一种：冷幽默、自嘲。

生活中的我，属于外表冷漠、内心狂热的类型，表面看起来一本正经，却常常冷不丁冒出几句话，逗得大家哈哈大笑。

就说这个回答吧，我想要吐槽的是，即使那些看起来逻辑缜密、学富五车、经验丰富的医学大牛们，在面对自家孩子的小毛病时，也会慌了手脚、乱了方寸，何况普罗大众？

在工作中，我常常遇到一些戏剧性十足的事。例如，半夜三更，宝宝睡得正香，医生妈妈却怀疑他是生了病导致昏迷不醒，急匆匆送到医院，敲醒正在值班、刚刚入睡的我，这时，我们看到，襁褓中的宝宝不知何时已经醒了过来，看到我们，立即给出一个甜美的微笑；还有，本院消化科大佬，孩子拉肚子，用塑料袋小心翼翼地装好，带进我的诊室，众目睽睽之下展示出一大包黄乎乎、蛋花汤样的大便，与我探讨，这是否为传说中轮状病毒感染之典型性状？诊室里的家长们，见此情景，完全不顾酸臭，一个个凑过头来观摩学习，并且，有位妈妈还立刻拿出手机拍照，并转发给孩子爸爸，要求他也好好学习一番。

作为当事人的我，当时是什么心情呢？

想法一：真烦，明明啥事没有，非要半夜来把我叫醒！

想法二：老哥，我对你儿子的"粑粑"根本没有一点儿兴趣好不好？

可是，我该如何表达，怎样写出来呢？

写出我的无语、我的嫌弃吗？

不，就吐个槽，大家一笑而过吧。

佩弦： 文章发布后的数据怎样？你总结了哪些经验？

王宇： 知乎的特点是，某些文章、回答，即使过去了很久，也会持续被看见，我们通常称此为"长尾效应"。一般来说，良好的长尾效应多见于优质的干货类文章，想不到的是，我这个吐槽也位列其中。目前为止，其阅读量已达百万，获赞1.3万。

为何能取得如此好的成绩呢？

我的分析是：

（1）真实的内核。看似夸张的描写，背后却是我行医多年来的真实经历。真人真事，往往比编出来的故事还要不可思议！

（2）戏剧性的描写。写作的时候，可以选择抓住我的一段经历，例如前面所举的例子，平铺直叙，详详细细地记录下来，也符合该提问。但是，我当时并没有这样做，出于本能，我选择了戏剧性的描写方式，将多年来的经历浓缩到一次事件中，事实证明，这样做，效果非常好。

7.2.3 "海布里de酋长"酋长谈创作心得

如果把每一年的NBA总决赛冠亚军颠倒，会有哪些传奇诞生？

杰里·韦斯特成了公认的GOAT（最伟大的球员）。韦斯特生涯9进总决赛，拿下了8座冠军。他"无休止的统治"直到1972年才被尼克斯终止，而彼时的韦斯特已是34岁的高龄。

第7章 案例复盘：爆款是如何炼成的

埃尔金·贝勒成为常务副GOAT，他和韦斯特的组合被视为60年代的罗宾与蝙蝠侠，手握8个冠军的他被多家权威媒体评选为史上最强二当家。一个最体现他价值的论据，1971—1972赛季，37岁的贝勒只打了9场比赛，便因伤退役，失去贝勒的湖人最终痛失总冠军。

拉塞尔被张伯伦吊打了一个时代。不仅数据受制，两人在季后赛一共有过8次相遇，张伯伦的球队赢下了其中的7次。手握4冠的张大帅，成了当之无愧历史第一中锋。1973年5月10日，张伯伦在完成生涯最后一战后宣布退役。《体育画报》为其撰写长文，该文的标题是"威尔特·张伯伦——篮球皇帝，天生赢家"。

"J博士"成了史上最棒的飞人。1977、1980、1982年，他三度率领费城拿下冠军。虽然乔丹日后无数次在公开场合表态，"J博士"是自己的偶像，但欧文似乎对这位年轻的小老弟并不感冒，他在做客TNT节目时为迈克尔下了定义"一个令所有人惊叹的超级巨星，却缺乏了最重要的胜利DNA"。

"魔术师"约翰逊依然是历史第一控卫，他输掉了5次总决赛（1980、1982、1985、1987、1988），但也赢下了4次（1983、1984、1989、1991）。拉里·伯德的传奇性则大不如前，80年代只拿到两枚戒指的他被视为那个年代最好的前锋，但不足以与魔术师分庭抗礼。

活塞队换走丹特利的交易被视作是史上最糟糕的交易。1988年，以赛亚·托马斯拿到了生涯首冠，然而因为管理层执意送走丹特利，这支本可以大有作为的球队在第二年夏天毁灭了，"刺客"生涯再无冠军。

在所有职业生涯未能染指总冠军的球员里，迈克尔·乔丹的名字或许最令球迷唏嘘。爱他的人，会为他的10个得分王与极具观赏性的打法，却无法夺冠的宿命扼腕叹息；恨他的人，则会把他打造为一个极度自我、数据爆炸的团队性运动的反面，弃若敝屣。1996年，即便芝加哥拿下旷古烁今的72胜，乔丹的球队还是丢掉了总冠军。

在公众眼中，20世纪90年代的公牛队就是一个大大的笑话，它们秉持着"大禹三顾家门而不入"的精神，6度杀进总决赛，然后6度败北。即便如此，乔丹依然受到芝加哥球迷的尊重，很大一部分原因是乔丹从未想过离队,虽然每年夏天都会传出芝加哥媒体幻想拿乔丹换尤因/马龙的消息。

阿伦·艾弗森成了无数人心中的圣杯。不仅仅是因为他忠诚、桀骜不驯、全力以赴的品性,更是因为他的球技与成就是那么卓尔不群。2001年,艾弗森上演单核总决赛,以凡人之躯挑战不可一世的OK组合,并成功攻陷斯台普斯中心,时至今日,2001年总决赛依然被ESPN视作史上最伟大的英雄主义表演。

杰森·基德成为历史第三后卫——仅次于魔术师和斯托克顿。2002年、2003年的两连冠+双FMVP一下子奠定了他的江湖地位。

德拉克斯勒成了90年代最好的得分后卫。1990—1992年,滑翔机在3年时间里拿下了2个冠军。在1992年总决赛前,美媒总是喋喋不休地比较他和乔丹谁更棒？哪怕彼时的滑翔机已经手握一枚戒指了。在1992年总决赛结束后,这项讨论被杀死了。纵使乔丹在系列赛轰下了场均35.8分的高分,失利还是让他背负了"球队毒瘤"的骂名。一些知名数据达人,甚至在论坛发表了犀利的结论——迈克尔的性格过于自我,他得分越多就越伤害球队。

帕特里克·尤因雄居20世纪90年代"四大中锋"之首。他在1994年和奥拉朱旺的巅峰对决中笑到了最后。5年后,他又面对面干掉了"上将"罗宾逊的球队。坊间盛传,1995年魔术队曾想用奥尼尔+首轮签交易尤因,但这份报价唐·尼尔森没做思考就拒绝了。

"鲨鱼"奥尼尔成了挥霍天赋的典型。新世纪初的头3年,奥胖在3年内输给了3支超级控卫的球队：雷吉·米勒、艾弗森、基德都能在他的头上予取予求。洛杉矶媒体窃窃私语,围绕鲨鱼建队,你永远拿不了冠军。所幸,03～04赛季,随着卡尔·马龙与加里·佩顿底薪来投,巨头抱团的湖人终于得偿所愿。

卡尔·马龙成为历史第一大前锋。20世纪90年代双杀乔丹的他,2003年成为自由球员后,毅然决然加盟湖人技术扶贫。

蒂姆·邓肯直到2013年才拿到自己职业生涯的第一个冠军。从而加入了马龙、巴克利、诺维茨基、加内特的行列。美国媒体万人歌颂,称

第7章 案例复盘：爆款是如何炼成的

邓肯为一人一城坚守，终于花开结果的典范。

韦德在2006年打出了万神殿级别的表演，但是依然难阻球队败北。迈阿密媒体怒吼"都是鲨鱼东游搅乱了风水"。5年后，热火与小牛再度相遇，这一次韦德带队完成复仇。

科比2008年夺冠后，媒体的口风同一，"史上最强乔丹接班人"超越了他的前辈。不过对于这项头衔，科比念念有词，"别拿我和乔丹比，我至少拥有2个冠军"。

金州勇士完成了历史最伟大的单赛季——73胜总冠军。人们纷纷表示，"禅师"菲尔·杰克逊不及他爱徒科尔执教水平的1/10。

杰里·斯隆、乔治·卡尔、阿德尔曼、德安东尼的江湖地位大大上升，奥尔巴赫、菲尔·杰克逊、波波维奇的执教水平则备受外界争议。

勒布朗·詹姆斯成了后合并时代（1976年以来）的GOAT。手握6枚戒指的他令只拿到6个亚军的乔丹汗颜。与一般球星不同，勒布朗总是在寻求一条"最艰难"的路。2007年，首度杀入总决赛的他就4:0横扫了GDP的马刺，赛后球员通道里，他宽慰31岁的邓肯"未来的联盟是你的"。

功成名就的他选择将天赋带到南海岸，辅佐好兄弟韦德再夺一冠。随着韦德老化，热火完成平稳的"王权交接"，勒布朗在2014年以核心身份带队再胜马刺。接着荣归故里，带小老弟欧文也拿到了冠军。2014—2018年，这5年时间里，勒布朗拿到了4个冠军。其中2017年的冠军被视为他生涯的最高光时刻，即便联盟第二与联盟第三抱团，也难阻老詹夺冠。这就是"灭霸"的统治力。《体育画报》发文歌颂，巨星统治比赛，而勒布朗统治巨星。

凯文·杜兰特遭到了美国媒体的群嘲。2012年总决赛夺冠的他本可以成为俄城的传奇，一人一城的典范，却眼红老詹选择加盟卫冕冠军金州勇士，并且在之后的两年连续输给了老詹的球队（2017年、2018年）。2019年总决赛阿杜跟腱断裂，然而勇士却拿到冠军（库里FMVP）。时过境迁，当新科MVP字母哥想要离开密尔沃基时，阿杜语重心长地告诉后辈"别让抱团伤害了你"。

克里斯·保罗在2021年终于拿到了人生的第一座冠军，"58惨案"正式成为过去式。

杰森·塔图姆成了新生代球星的翘楚,"曼巴传人"的他在东契奇、莫兰特、特雷·杨之前拿到了冠军。

佩弦: 写这篇文章时你的状态是怎样的?

海布里de酋长: 这篇文章写于2022年7月24日。那天是周末,夏日的一个午后。当时我正坐在沙发上刷知乎,偶然一个有趣的问题飘入了我的视野:"如果把NBA每一年冠亚军颠倒,会有哪些传奇诞生?"

一时间,无数记忆涌入脑海。我想起了1991年乔丹首夺奥布莱恩杯时抱头痛哭的画面,想起了"石佛"邓肯那句著名的"未来的联盟是你的"。想起了杰里·韦斯特以失败者身份夺得FMVP,也想起埃尔金·贝勒那命里无缘的总冠军。

对于一个比尔·西蒙斯(ESPN专家,著有《篮史通鉴》)的铁粉,我太爱这样半历史半虚幻的话题了,就好像我们偶然间发现了一个平行时空,在那个世界里我们记忆中有关篮球的一切都被颠覆了。当然,纵然我对篮球有着很深的见解,想驾驭这样一篇文章,光靠记忆还是不够的,我们需要做一下准备……

佩弦: 写作前你有哪些思考?做了哪些准备?

海布里de酋长: 为了寻找灵感,我又翻出了书架上那本纸张泛黄、略微破损的《篮史通鉴》,看看比尔·西蒙斯是如何处理这样的虚构命题的。在书的第173页,"如果"游戏的章节里,西蒙斯选择了NBA历史上33个最重大的"如果……会怎样"。他选择的标准言简意赅,就是在抛开天灾等不可抗力的基础上,去反转那些因为"人祸"而导致的悲剧,比如1984年开拓者在手握状元签时跳过了乔丹。

我之所以举西蒙斯的例子,是因为本文的写作与这本书有着异曲同工之处。首先,这是一个"脑洞题",好玩是最重要的,要"头脑风暴"一下,尽可能多想一些名场面与戏剧性的桥段。其次,虽然是脑洞题,但也是建立在真实历史的基础上,只是对冠亚军进行了反转。虽然NBA历史故事是我的拿手好戏,但人脑所能装载的毕竟有限,还是难免有疏忽与遗漏。为了能给读者呈现更全面细致的内容,我需要做好资料收集,来辅佐我的创作。

于是,我迅速列了一个大纲,分板块整理了这篇文章我所需要的素材。比如历年NBA冠亚军球队,比如那些历史上著名的赢家和历史上著名的无冕之王。因为我们的故事建立在NBA冠亚军颠倒的设定下,所以写好这篇文章很重要的一部分就是整理内容要尽可能详细、面面俱到。

佩弦: 写作中你具体是怎样操作的?

海布里de酋长: 通过为时一小时的资料整理,"填好弹药"的我,开始认真构思这篇文章的结构。

众所周知,NBA是一个商业联盟,所以球星当仁不让地成了这个联盟最大的特色。从张伯伦到贾巴尔,从魔术师到乔丹,从科比到詹姆斯,这个联盟始终不乏门面球员。可以说,他们的故事,就是NBA联盟那厚重的历史。

所以,我选择以"明星球员的生涯"作为这篇文章的切入点。翻阅前面整理的资料,那些青史留名的赢家,无一例外都赢得了不止一座总冠军。而所谓无冕之王,字面意思就是他很伟大,但从未赢得冠军。于是,在我为球员所编织的这个平行时空中,他们的命运发生了180度的反转。

乔丹是"球队毒瘤",贝勒成了人生赢家,拉塞尔被张伯伦吊打了一个时代……

当然,光是对球员命运进行反转还是不够的,为了这篇文章兼具可读性,我在文中引经据典,也铺垫了很多篮球迷都知道的梗。

比如这句:2007年,首度杀入总决赛的詹姆斯4:0横扫了GDP的马刺,赛后球员通道里,他宽慰31岁的邓肯"未来的联盟是你的"。这个梗来源于2007年总决赛结束后邓肯安慰老詹,通过特定语境下的角色互换,这样的安慰变成了一种"嘲讽",却更具备戏剧性。

佩弦： 文章发布后的数据怎样？你的总结是什么？

海布里de酋长： 总的来说，这篇文章虽然篇幅不长，却短小精悍，里面有很多我精心的设计与巧思。再加上主题非常有趣，是一个"平行世界"下的虚构内容，适用于广大篮球爱好者。

因此，最后的数据效果也是非常不错的，获得了1353赞同+275收藏+106评论+1专业徽章。

7.2.4 "芝麻酱"肖瑶谈创作心得

> 身边有人煲汤只喝汤，煲汤的材料都是倒掉的，这是不是很浪费？营养在汤里还是在材料里？

本人营养师，先说结论，我建议大家多吃材料少喝汤，几乎所有营养物质都是材料里多，而汤，喝多了容易盐分超标、脂肪超标、嘌呤超标。

营养物质分很多种，大分类有蛋白质、脂肪、碳水、维生素、矿物质。

从分子角度来看，在汤里，营养物质分成水溶性的和脂溶性的。

如果你想要摄取蛋白质，那肯定是固体肉里比汤里多。

如果你想要摄取脂肪，不排除有些人就是想长胖，除非你炖汤的材料里有很多固体肥肉，那么汤里的脂肪可能更多，并且，许多汤里的脂肪呈乳化状态，你可能看不到油层，感受不到油腻，但喝汤容易不知不觉摄入很多脂肪，例如乳白色的羊肉汤里就含有大量脂肪。

如果你想摄取维生素，维生素有的溶于水，有的溶于油，例如维生素C是水溶性的，炖汤材料中如果有含维生素C的材料，维生素C会扩散到水里，但维生素C对温度敏感，不耐高温，经高温长时间炖煮可能所剩无几。而脂溶性维生素，煮的时候部分会融到汤里的脂肪里，具体能溶出多少我不知道，但我认为也还是吃肉划算。

第7章 案例复盘：爆款是如何炼成的

如果你想摄取矿物质，比如人体容易缺乏的钙铁锌硒碘等，大部分矿物质不能溶于水，但一些矿物质会因沉淀作用流失到汤底中，总体上矿物质肯定还是材料里多。

这里不得不提骨头汤补钙的传说，很多人认为骨头汤能补钙，这是错误的，骨头汤里脂肪很多，钙其实很少。骨头里的钙是不可溶的钙，再怎么炖也很难融入汤里，人体难以吸收，骨头汤补钙只是以形补形的美好幻想。你看到骨头汤炖出奶白奶白的浓稠颜色，对不起，那只是乳化的脂肪，既没有什么蛋白质，也没有什么钙。

汤里有三大有害物质，是我认为喝汤不养生的主要理由。

第一，盐，建议成年人每天吃盐不超过6克，喝汤的话很容易就超标了。普通咸度，100ml汤里大约有1克盐，甚至更多，自己估算你喝汤一般用多大碗，喝几碗，你还要吃菜呢，这一天摄入的盐随随便便超标好几倍。当然了，有的人家里口味清淡，放盐少，甚至不放盐的，值得鼓励。

第二，脂肪，肉汤里常常含有较多脂肪，尤其是乳白色的汤，更可怕的是汤里的脂肪让你喝的时候不知不觉，没有直接吃脂肪那种很油腻的感觉，但你很容易就吃进去很多脂肪。

第三，嘌呤，痛风的罪魁祸首，多存在于肉类、肝脏、海鲜中，嘌呤溶于水，汤里煮肉，煮得越久汤里溶出的嘌呤越多。实际上最好、最简便的去嘌呤方式就是水煮。所以建议大家炒猪肝、炒鱿鱼都过一遍水，不仅能去腥，还能去嘌呤。

综上所述，喝汤养生是误区，喝汤弃肉更不可取。说汤滋补养生的，还不如建议他多喝热水，谁要是说这汤特别补，多喝几碗，那是在害你，尽管他不是有意的。

其实吧，我也常喝汤，尤其是冬天，羊肉汤是我的最爱，但不是为了健康，就是为了好吃。我喝汤的时候，心情和吃薯条类似，都是在纵容自己吃不健康食品，完全没有觉得汤养生。

但是汤也分很多种，一些西式汤倒还比较健康，外国一些菜系把食材打成糊状，管那个叫汤，不在本题讨论范围之内。

佩弦： 写这篇文章时你的心境是怎样的？

肖瑶： 这篇是我比较早期的回答了，写于2018年，那时候，我虽然写知乎也有一段时间了，但粉丝还不算多，记得那会儿刚几万粉丝吧，并没有多少特别火的回答，这篇回答应该是我第一篇上万赞的回答。

佩弦： 写作前你有哪些思考？做了哪些准备？

肖瑶： 这个问题在营养学上是个常识，我当时刷到这个问题时还在心里吐槽："这还要问的吗？这还有人不知道？"我当时只是随手写下这个回答，并没有预见到这个回答会这么火。

佩弦： 写作中你具体是怎样操作的？

肖瑶： 这篇回答的内容都是营养学上最基本的东西，我只是组织了一下自己的语言表达了出来，如果非要说我的内容有什么值得学习的，我觉得我的风格向来都很接地气，教科书上的东西可能比较无趣，而我写的回答就像是面对面在跟一个外行朋友聊天，更通俗易懂。

佩弦： 文章发布后的数据怎样？你的感受如何？

肖瑶： 这篇回答在知乎获得了234万阅读量，4.3万赞，还获得了知乎日报推荐和多个知乎大V的专业推荐。这是我在写回答的时候没有想到的，让我知道原来我以为大家都应该知道的常识，对于非食品和营养专业的人而言，不一定是常识，而是需要有人讲解才能了解的知识，我第一次知道我拥有的营养学知识还挺重要的，能帮助别人。这算是我的一个里程碑式回答，坚定了我继续做科普的想法和信心。